U0114366

北非花園
摩洛哥

邢協豪（行寫好）——著

自序

　　小時候我有過兩個「夢想」，一個是開汽車，另一個就是周遊世界。但那個時代還沒有私人汽車，走出國門也幾乎是天方夜譚。

　　長大後我成了理工男，改革開放後又出了國。很快我開上了汽車，也開始了周遊世界。

　　十多年來，我幾乎是單槍匹馬遊天下，走過了歐、美、亞、非四個大洲。我在千山萬水間看到世界，在城堡宮闕裡瞭解歷史，在異國風情中感受人性，在天涯海角處遇見自己。

　　這時候我開始明白當年的自己：夢想開車，要的是掌控方向和命運，追求一往無前的豪邁；夢想出國，要的是拓展視野和心胸，追求學無止境的瀟灑。「行萬里路」連同「讀萬卷書」，注定是我人生學習與提高的「必修課」。

　　在這條「修行」的路上，政局穩定而安全友好的世俗伊斯蘭國家摩洛哥，是富有濃郁異域風情的獨特一站。

　　摩洛哥地處非洲，卻是個白人國家；它毗鄰撒哈拉，卻有一片「烈日下的清涼」；它是阿拉伯國家，卻與歐美國家幾乎「結盟」；它面積不及中國的甘肅，卻是個「全方位」的世界級旅遊大國。

這一切來自於摩洛哥終年氣候宜人花木繁茂及其「北非花園」的美名；來自於與歐洲大陸一「峽」之隔及歷史淵源帶給它的濃烈歐法風情和「法國後院」之聲譽；來自於它政局穩定宗教寬容以及社會的改革開放；來自於它歷史傳統民族文化的完好保存與悉心維護。摩洛哥是阿拉伯鄰國當中，歷史上唯一避免了奧斯曼佔領的北非國家，至今全面完整地呈現著數百上千年前的中世紀市井真實。

　　在當今世界，要想窺視伊斯蘭文明，體驗阿拉伯風情，探幽中世紀傳奇，同時方便地進入撒哈拉神秘大漠，摩洛哥是最安全最便捷的一個選擇。摩洛哥旅遊已是當今旅遊界的大熱，慕名而來的遊客變得日益絡繹不絕。

　　我有幸能親身踏上這片異域風情濃郁的國土，單槍匹馬由西向南向東，再向北向西，在摩洛哥轉了一個大圈。我走遍紅、藍、青三大皇城；我來到好萊塢傳奇大片《卡薩布蘭卡》實地；我生平第一次騎上駱駝走進荒漠；我在中世紀傳奇的古街狹巷倘佯；我走進平民的市井，與穆斯林男人以「似曾相識」的投緣和「男人對男人」的坦誠聊伊斯蘭、聊愛與性、聊阿拉伯女人、聊婚外情，他們為我揭開並展示了伊斯蘭的神秘一角。

　　《北非花園摩洛哥》一書，就是我此行的紀實。我試圖在介紹各城市大小景點的同時，給讀者描繪出一幅「原汁原味」的當代摩洛哥市井風情圖。無論您是否已經親歷摩洛哥，本書將用第一手體驗的敘述以及大量實錄的圖片，與您一起再作一次摩洛哥環繞行。

　　旅行與旅遊的選擇與計畫是非常個性化個人化的。不過，無論您踏上旅途的重點是歷史、是文化、是宗教、是美景、是美食，還是其他；無論您是結伴、是自助、還是親子遊或甚至跟團；摩洛哥主要城市的景點名勝都將在本書中呈現，它們背後的歷史、傳奇、

宗教、故事、逸聞等等，也將詳盡地加以介紹，這些都將給您帶來幫助。

這是一本獨一無二的旅記。本書草稿 2013 年首次在網路上發佈後，曾引起強烈反應和極大好評，網友們鼓勵本人將之出版，與更廣大的讀者及旅行愛好者分享。現在經過重新編輯完善，本書終於在此呈現於廣大讀者的面前。

全書的特色為：

其一，平易平實的文風：語言簡練，文筆流暢，構思獨特，史料豐富，使人讀起來輕快愜意；

其二，獨創的「一紙走天下」行程規劃圖：旅行計畫的大小細節包括日期、航班、車次、票價、氣溫、旅館、天數、交通、景點、優先次序、安全隱患、注意事項等等，均簡潔地歸納於一表一紙之中。條理清晰，一目了然，具有工程流程設計般的簡練、實用、直觀、方便的優點，被網友稱為遊記中「獨步天下」的「最牛」特色；

其三，全面的景點列表及評分：摩洛哥各城市景點的中英文名字對照，以及作者的「五星級別」評分均在書中給出，方便讀者的查找及參考。其他實用的資訊和提示，也貫串全書。有不少網友，就是手握本人遊記的列印本出門上路的。

這是一本雅俗共賞、老少咸宜的書。

🏴 我的旅行路線圖：東西南北轉一圈

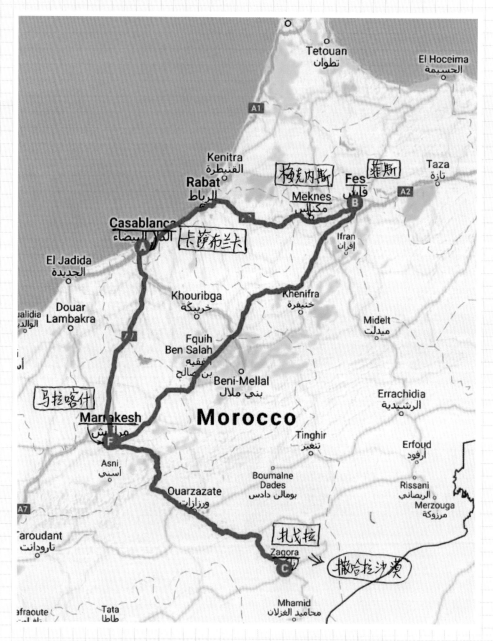

從卡薩布蘭卡→馬拉喀什→撒哈拉沙漠行→馬拉喀什

→菲斯→梅克內斯→菲斯→卡薩布蘭卡。

＊摩洛哥國內交通全部用火車。去撒哈拉大沙漠 2 天 1 夜遊用越野汽車和駱駝。

🏴 我的計畫行程表：單騎一紙走天下

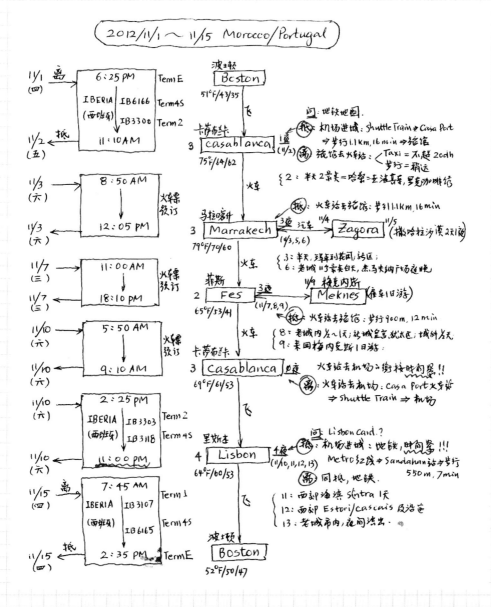

本人獨創的旅行計畫流程表。大小細節包括日期、航班、車次、票價、氣溫、旅館、天數、交通、景點、優先次序等等，均簡潔地歸納於一表一紙之中。條理清晰，一目了然。

目　錄
CONTENTS

北非花園摩洛哥

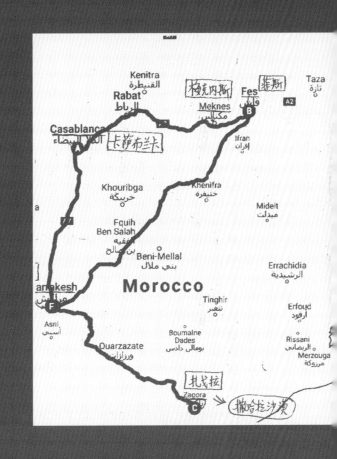

開篇

北非花園摩洛哥

　　2006 年秋，我在伊斯坦布爾的西魯克茲（Sirkeci）火車站等待火車去保加利亞。那個火車站是名著《東方快車上的謀殺案》裡寫到過的，所以我特意早到了，想多點時間去轉悠。在空蕩蕩的候車月臺上，我遇到了三個「白色」的小帥哥，閒聊中知道他們是摩洛哥 (Morocco) 人，他們談起自己的國家「很美麗」時，非常自信滿滿，當時我心中有點驚訝。那會兒還沒去過非洲，雖然知道此摩洛哥非彼摩納哥（Monaco），但以為身在非洲的摩洛哥，多半也是個黑人國家；而且既然靠近撒哈拉大沙漠，多半也會乾旱貧瘠。其實根本不是那麼回事。

　　後來我便開始關注和收集摩洛哥的資料，並且很快將它放到了我的旅行「必去名單」之上。

　　摩洛哥是個獨特的阿拉伯國家。它雖然在西元前 1 世紀成為羅馬的保護國、西元 1 世紀時被併吞為羅馬的一個省，並在 20 世紀初的「菲斯條約」之後成為法國的保護國，但在其間的近兩千年歷史中，基本保持了獨立，這與其他鄰國很不一樣。西元 7 世紀阿拉伯人進入該地區，8 世紀建立了摩洛哥的第一個國家，後來的一系列王朝也都是或者阿拉伯人、或者土著柏柏爾人（Berbers）的獨立王國。其中的阿爾莫拉維德（Almoravid）和阿蒙哈德（Almohad）王朝曾將摩洛哥推至頂峰，隨後的馬里尼德（Marinid）和薩迪（Saadi）王朝也繼續與外國入侵抗爭，使摩洛哥成為當年唯一避免了奧斯曼佔領的北非國家。

現今的阿拉古特（Alaouite）王朝建立於 1666 年，1957 年它正式改國名為摩洛哥王國，並改稱「蘇丹」為「國王」，不吝為與時俱進。今日的國王穆罕默德六世，聲稱是伊斯蘭教先知穆罕默德的（第六代）後裔，因此和約旦國王、汶萊蘇丹是遠房親戚。

摩洛哥雖然地處非洲，卻是個白人國家。它的人口組成，主要是阿拉伯人和柏柏爾人。橫跨非洲的撒哈拉大沙漠用其廣袤無垠與死寂荒涼，「攔腰斬斷」了該大陸的「生物鏈」，將非洲分割成種族文化氣候都很不一樣的「白色北非」和「南部黑非洲」兩大版塊。

摩洛哥雖然毗鄰大沙漠，卻有貫穿境內的阿特拉斯 (Atlas) 山脈，阻擋了南部撒哈拉熱浪的侵襲，造就了一片「烈日下的清涼國土」。所以摩洛哥終年氣候宜人，花木繁茂，「北非花園」之美名開始出現，慕名而來的遊客變得絡繹不絕。

摩洛哥雖然是伊斯蘭國家，對外政策卻比較獨立，而且傾向於歐美。在冷戰期間，它偏向西歐和美國而非東方集團，2004 年甚至獲得了北大西洋公約組織的重要盟國地位。它同時與大部分阿拉伯國家關係良好，所以是中東與歐美對話的重要中間國。

目前的摩洛哥王朝已歷經近四百年而政局依然基本穩定，九十年代逐步開始政治改革，1997 年建立了兩院制立法機關。現在的國王是一個謹慎的現代化者，他 1999 年上臺後進一步引進了一些經濟和社會的自由化，加強國家的民主化，緩和貧困並致力社會治安，使宗教世俗化，包容其他信仰，且於 2011 年提出政改計劃，自限權力，建立民主的君主立憲體制，並交付公投，最後以高票通過，標誌著摩洛哥以和平方式邁出了憲政改革的重要一步。

此外，摩洛哥與歐洲大陸僅一「峽」之隔，跨過直布羅陀海峽就是葡萄牙和西班牙，再往北就是法國。西班牙、法國、歐洲的影響滲透於摩洛哥的歷史進程之中。近代阿拉古特王朝的第二代君主伊斯梅爾（Ismail Ibn Sharif）雄才大略，曾一心效仿歐洲，甚至想超越他的「偶像」法國路易十四王，刮起過一陣「歐風」。20 世紀初，成千上萬的法國連同西班牙殖民者湧入摩洛哥，或購

地，或開礦，或建港，在文化藝術生活方式等諸方面留下了深深的印痕。流傳至今的歐法風情，在馬拉喀什的新城區尤為明顯，「法國後院」的美譽也因此而來。

凡此種種，導致今日摩洛哥的政局穩定、宗教寬容、國際地位特殊，因而免除了不少戰禍，使之歷史傳統與民族文化保存完好。尤其是馬拉喀什、菲斯、梅克內斯等中世紀古城，老城區老城牆及其當年的曲徑狹巷、原汁原味，傑馬夫納（Jemaa el-Fnaa）千年廣場和大巴黎的古老民風，全面完整地呈現著數百上千年前的市井真實。

綜觀之下，摩洛哥雖然疆域不大，甚至小於中國的甘肅省，卻有著豐富的旅遊資源，算得上世界級的旅遊大國，「北非花園」和「法國後院」並非虛名。海內外遊客對摩洛哥樂此不疲，使其在當今日益熱門。

2012 年秋，我曾打算回中國去，十月下旬走，十二月回。後來情況意外有

▲ 瑪卓利花園讓人感覺馬拉喀什及至摩洛哥也像個大園林。

▲ 傑馬夫納廣場的蛇攤和耍蛇人在延續著古老。

變，我當即決定改去摩洛哥，說走就走，趕在 2012 年的那個所謂「世界末日」之前回到美國的家。

　　遊摩洛哥有四大皇城的說法，即：白皇城拉巴特（Rabat）、青皇城梅克內斯（Meknes）、藍皇城菲斯（Fes）、紅皇城馬拉喀什（Marrakesh），它們都曾經是過去王朝的首都。這些皇城古蹟及其中世紀傳奇，就是這個「北非花園」裡的奇珍異寶。而撒哈拉的浪漫大漠，阿拉伯的異域風情，好萊塢大片《卡薩布蘭卡》的「尋根」之地，則更為「北非花園」錦上添花，大放異彩。

　　2012 年 11 月初我從波士頓出發，在卡薩布蘭卡（Casablanca）落地，然後從西邊開始逆時針轉圈，南下馬拉喀什，東進撒哈拉，北上菲斯，西行梅克內斯，最後回到卡薩布蘭卡，在回程中還順道去了趟里斯本。

　　行程中的撒哈拉之行，當地組團的出發地點通常是馬拉喀什或者菲斯，時間長度可以是 3 天 2 夜或者 2 天 1 夜。我最後的選擇是馬拉喀什出發的 2 天 1 夜。

▲ 菲斯古城處處可見伊斯蘭建築精雕細刻的風采。

▲ 撒哈拉柏柏人的浪漫篝火晚會。
◀ 樓閣式民居展現古老伊斯蘭的生活習俗。

　　我首先在卡薩布蘭卡看到了世界第三大的哈桑二世清真寺，它現代化的設計前衛新潮、氣勢恢宏；我再去好萊塢傳奇大片「卡薩布蘭卡」實地「尋根」，雖然明知那個後建的「裡克咖啡館」只是個商業噱頭的「偽遺址」。

　　我在神秘的「瑪卓利花園」（Majorelle Garden）驚歎來自五大洲的奇花異草，感受法國藝術家給這個國度帶來「北非花園」美名的理由；我住進有幾百年歷史的阿拉伯傳統民居「樓閣」（Riad），它其實變形於一種中世紀的羅馬別墅，體驗它內部庭院和花園結構帶來的幽靜舒嫻；我觀賞南方城鎮的穆斯林「古堡」（Kasbah）雄姿，那是幾個世紀以來當地富裕家庭生活兼防守的一種特殊建築，通常也是財富的象徵。

　　南方皇城馬拉喀什雄渾厚重的古城牆，將我帶回到中世紀；巴迪宮的佈局與裝飾折射著西班牙阿罕布拉宮（Alhambra Palace）的風韻；傑馬夫納廣場的耍蛇耍猴人，將千年的古老在當下延續；廣場夜晚幾十上百的美食攤位和民間表演，將它的魅力推向了極致。這是老城一天中最「嗨」的黃金時光。

▲ 馬拉喀什路邊賣煙人熱心指路。

▲ 馬拉喀什火車站旁好心帶路的教授。

▲ 火車上的純真男孩與我一路「遙望」
對視微笑。

同樣的中世紀傳奇菲斯古城，以文化大城之名雄踞北方。它的歷史更久遠，城池盤山更壯觀；它是北非的第一個伊斯蘭城市；它有世界的第一所大學，而且是阿拉伯世界最著名的大學。6000多條曲徑小巷千年未變，來自世界的遊客們，爭先恐後而來，以迷失在菲斯古城為樂，追尋和感受鮮活的中世紀傳奇。

在北方大梅克內斯富饒美麗的平原地區，我瞻仰了摩洛哥開國之父的埋葬之地、並以他命名的聖城伊德里斯鎮（Moulay Idriss Zerhoun）；我看到了摩洛哥最年輕的皇城梅克內斯，也是當今阿拉古特王朝的第二位蘇丹、雄才大略的伊斯梅爾企圖修建「摩洛哥的凡爾賽宮」的地方；我也參觀了當年羅馬帝國在北非的前沿城市瓦盧比利斯（Volubilis），這個西元1世紀的遺址古蹟現在是 UNESCO 的世界文化遺產地。

嚮往中的撒哈拉之行，使我生平第一次騎上了駱駝、置身於荒漠；我們與當地柏柏爾人共餐同歡、在篝火旁彈琴擊鼓、吟歌起舞；在月光下沙漠中帳篷裡和衣夜宿；直到最後夜已深、大漠靜的那一刻，我們仰臥大地面對星空、遠離世塵細語冥思，那是我摩洛哥之行記憶中最美好的一段。

摩洛哥的美食是另一個令人難忘摩洛哥的理由。精選細作的羊肉和牛肉「入口

即化」令人叫絕；清澈濃甜的薄荷茶爽口提神；盛名之下的「塔津」（Tajine）堪比我們家鄉的砂鍋，它那高聳的錐形鍋蓋更帶「喜劇性」和實用性；在大梅克內斯一個餐館裡，當待者為顧客將茶壺高舉高倒茶水，引來讚歎聲和無數照相機的時候，我更是想起了中國民間茶者的真正功夫。

我在菲斯老城清晨的小巷裡曾遇到一位長袍蓋頭的中年婦女，她看到我手拿相機，便主動要我為她拍照留影。這著實在意料之外，卻也謂情理之中。這裡的世俗穆斯林女人一樣有愛美之心。

我在兩個不同的場合，有機會與兩位穆斯林男人分別面對面地閒聊談心。以「似曾相識」的投緣，和「男人對男人」的坦誠，我們聊起了一些「敏感」話題。我們聊伊斯蘭，聊愛與性，聊阿拉伯女人，聊婚外情。他們對「天涯陌路人」不懼戒心，向我展露了伊斯蘭的神秘一角，表現了世俗穆斯林的人性另一面。

摩洛哥之行，讓我感受到摩洛哥領土雖小，卻是個「全方位」的旅遊大國。它有伊斯蘭的文化與傳統；也有西方國家的新潮與開放；它有小國謙虛卑微的淳樸，又有歷史曾經輝煌的豪邁；既有古代與當今的匯流，又有東方與西方的融合；它鄰近衝突敏感的中東地區，卻有與世無爭般的平和與淡然；它地處最大荒野沙漠邊緣，卻能風景獨好氣候宜人；中世紀傳奇與歐法遺風結合，「北非花園」和「法國後院」名副其實，摩洛哥不愧為阿拉伯世界的一個奇葩。

名不符實卡薩布蘭卡

1

名不符實卡薩布蘭卡

　　卡薩布蘭卡是摩洛哥第一大城和主要港口，也是商業和金融中心，但不是首都。它正式的名稱應該是「達爾北達」(Darel Beida)，而「卡薩布蘭卡」是葡萄牙人和西班牙人統治期間用的名字，由「Casa」（House）和「Blanca」（White）拼成，合起來就是「白宮」的意思。不過摩洛哥獨立後已經恢復了原名「達爾北達」。但是美國電影《卡薩布蘭卡》讓這座白色之城聞名世界，聲譽實在太高，知道原名的反倒不多了。

　　在生活中說起摩洛哥，人們就會想到卡薩布蘭卡，好像去摩洛哥最值得看的就是它似的。一位朋友知道我要去摩洛哥後說，他不久前剛看了那個電影的CD，激動得想帶老婆去那裡再度一次蜜月，哈哈。其實卡薩布蘭卡「名不符其實」，那裡真正好的景點只有哈桑二世清真寺（Hassan II Mosque）一個。裡克咖啡館 (Rick's Cafe) 聞名遐邇，但也只是個「偽遺址」。所以我去摩洛哥只計畫在卡薩布蘭卡逗留約一天時間。上午 11 點飛機到，下午去兩個景點，晚上逛逛市區。第二天就走人。

　　卡薩布蘭卡的穆罕默德五世國際機場 (Casablanca Mohammed V International Airport) 在城市西南約 40 公里，車程 40 分鐘。計程車要250Dh(迪拉姆)，機場有小火車（Shuttle Train）進城，車票 40Dh。但是市里有兩個火車停靠站，一個在西，靠近市中心，不過只去首都拉巴特 (Rabat)；一個在東，是主站，可以來去機場。也就是說，機場來的火車站不在市中心，在市中心的又不去機場。

我訂的旅館在市中心，靠近西站。西站名叫「Casa Port」，資料都說機場小火車只去東站「Casa Voyagoug」。不過沒關係，因為城不大，市裡計程車不論遠近，只要 10Dh，最多 20Dh 就夠了。有趣的是，這裡的「Casa」似乎是「車站」的意思，其實它是「卡薩布蘭卡」英文名的縮寫，是當地人和外地人對該城市的暱稱。

　　飛機到達卡薩布蘭卡後，我問清楚了主樓大廳往下一層就是小火車站台。那裡的售票小亭只有一個人，裡面的工作人員什麼都沒問，就給我開了一張二等車廂的票。我後來才發現，這種小火車每趟列車的頭等車廂都只有一節，對號入座但幾乎無人坐，誰也不會買頭等車廂的票。二等車廂人多而且不對號，但找個座位並不難，所以大家都是二等車廂。

　　機場的火車站台就像一個地下隧道，在建築的最底層，頭上沒有天空，又暗又亂。小火車來了，車廂外有「1」和「2」數字標示等級。車廂很短，總共六、七節的樣子，可以隨便上車。進了車廂發現每節只有四，五排座位，也顯得老舊。但仔細看的話，它還算乾淨。開車後會有人來查票。上車時大家擁擠搶先，但最後其實每個人都有座位。這是我唯一的一次看到當地人擁搶。其他火車站和其他場合，人們都很文明禮讓。

火車站偶遇賴比瑞亞兄妹

　　就在等車的那一會兒功夫，我在月臺上認識了來自賴比瑞亞（Liberia 靠近迦納，不同於北面的利比亞 Libya）的商人和他的妹妹。他英文流利，老遠看見我就主動打招呼。顯然一看就知道我是初來乍到。他問我是否需要幫助，因為他常來這裡，對這個城市很熟。他也確實解答了我很多問題，幫了我很大的忙。

　　我們在火車上就坐在一起，一路聊了 30 多分鐘。我問他，火車不停靠西站，為什麼還賣給我那個站的票？他說：這車東行經過東站，東站過後的兩站就是終點。你得下車換西向回開的車，再坐一站就到那趟車的終點站西站，所以不用再買票，票價也和去東站的相同。先向東，再回頭向西，走的不是同一條線，只是平行而已。我找列車員又確認了一下，確實如此。

▲ 在機場火車站偶遇並同行的賴比瑞亞兄妹。

　　賴比瑞亞商人邀我在東站跟他下車，然後一起叫計程車送我去旅館。這樣的好意，我出門在外通常都是謝絕的，寧可自己想辦法。他告訴我，他來這裡是做黃金生意，正在招人開拓市場，已經來過好多次了。說著，他伸手去妹妹頸脖處掏出她戴著的項鍊，末端有中國如意那麼大的一個東東，他說是真金。我瞄了一眼，笑著說：要注意安全。

　　聊著聊著，他說以後要和我保持聯繫，問我電話號碼，希望我回美後給他打電話「細談」，但沒說「談」什麼。我笑了，問：是要我合夥做買賣麼？我做不來的。他不接話，只是不斷重複著：「要保持聯繫」。

　　這時我才明白，他大概從一開始就是「有備而來」。我想不如直接告訴他，我不習慣給別人電話號碼。看得出來，他是個有閱歷的人，沒露出絲毫不高興。分手前我們交換了電子郵箱，我給他們兄妹拍了照作為紀念。我一人出門獨行，常有這類「外(面)遇(到)」的事，想來別有滋味，也不吝為一種瞭解世界的方法。

▲ 從機場去西站的火車中轉站。

▲ 從中轉站去西站的二等車廂。

後來我按照賴比瑞亞商人所說的，找到了換車的車站。月臺上有電子資訊牌，通告下一班將到的車次、時間、月臺號，及終點站名等，資訊比較齊全。我要去的西站的車在 1 號月臺，但是我在問訊時錯過了一班車。火車間隔是 30 分鐘，結果下一班車又誤點半小時，總共耽誤了一小時。

從中轉站去西站的二等車廂相當整潔亮麗，我一開始用剛坐過的機場火車標準來判斷，曾懷疑自己是否坐錯了等級。兩次確認後，這真是二等車廂。

差一點被計程車司機忽悠

我原計劃是先到旅館再去哈桑二世清真寺，而且我知道那裡的最後一批接待講解是下午 2 點。現在時間不夠了，我決定先不去旅館，拖著拉包就直接去清真寺。

火車西站出口處有很多計程車，競爭比較激烈。我剛跨出車站大門，就有一司機趕上前來。我用地圖指出要去的清真寺，問他：How much？他會點英文，說：five。我說：5Dh? 同時伸出五個手指。他點頭：5 Dirham。我有點不相信，因為太便宜了。市內一般應該 10-20Dh。不過一轉念：那段路也就 2 英里，所以5Dh 也有可能吧。

不到 5 分鐘就到了清真寺。我兜裡有一個 10Dh 硬幣，但我想多換點零錢，就給了司機一張 50Dh 的紙幣讓他找零，他卻不退我零錢。我說：Change, please。說了幾聲，他才說：This is five。我說：什麼？這是 five? 這是 fifty，不是 five。旅遊資料都說要當心摩洛哥的計程車司機，通常最好的方法就是事先說定價，其次是堅持用計程器（「Khdm I-Koontoor」），但我沒想到會有把 50 說成 5 這種事。

他用英文夾雜著阿拉伯文嘰嘰嘎嘎說了好些，大概意思就是：five, five. This is five。堅持不找我零錢。我忍不住和他爭執起來。我說：說好是 5Dh，就是 5Dh。我給你的是 50，你應該找我零錢！他看我很堅持，終於給了我一個 10Dh 硬幣。我說：More! More! 他擠牙膏似地再給我一個。我堅持還要：More! More! More! 但是他給了 30Dh 後，就再也不肯了。其實我心裡的底線是 10Dh，但他死活不幹，我生氣了。

正在我有點不知所措的時候，抬頭發現前方廣場上站著個制服員警。我忽然想起旅遊書上說的了：司機就怕員警！對，我奪過司機手中我那張 50Dh 的紙幣，打開車門，拖出我的拉包（這個很重要），直奔員警而去。司機也跟著來了。

來到員警跟前，我停下來指著紙幣客氣地問員警：請問，這是 5Dh 還是 50Dh? 員警不知怎麼回事，說：50。我說：好。我從火車站來，說好 5Dh 的計程車到這裡，但是司機說這是 5Dh, 而不是 50，他要全拿走。

▲ 去哈桑二世清真寺的計程車司機差點把我給「忽悠」了。

員警轉過頭和司機嘰嘰嘎嘎說起來，我在一旁等著。慢慢地，我看出員警神情的變化，由「問」司機變成「說」他了。我又掏出火車票拿給員警看，說：就是這個車站來的。員警看了看，對司機的態度變得嚴厲起來，好像是在說：這點兒

路你也要 50?! 司機不再吭聲。我見勢便把那 30 硬幣往他手裡一塞，又掏出我的 10Dh 硬幣給他，說：好啦，給你加倍，你走吧。

　　正在這時，路邊快步走來兩人，前面一個高個子邊走邊大聲問：English? Need help? 我對他笑笑，說：謝謝，沒事了。員警對司機說了句什麼，並做出手勢要他走。然後指著清真寺方向對我也說：你走吧。

哈桑二世清真寺

　　我走向哈桑二世清真寺，但附近看不到售票處。入口處的幾個工作人員也不管賣票，他們之間好像正在爭什麼事，沒心思理睬我。我問了幾聲無果，只好自己去找。其實售票在主建築右邊側廊的地下廳，櫃檯是開放式的像個辦公室。也許是為了強調這不是商業化場所，或者怕影響整體建築的美觀與完整性吧，售票處搞得十分隱蔽。

　　我買了票，120Dh。然後對辦公室的幾個工作人員說，我剛下火車，急急忙忙就趕來了，希望把包存放一下。他們居然接受了，並告訴我 2 點鐘的英文導遊還能趕上，我說一聲謝謝，立馬飛奔而去。

▲ 世界第三大的哈桑二世清真寺。

我衝進大殿，正廳巨大而昏暗。只見有好幾批遊客散佈在巨大的廳殿裡，各組講解用的是不同的語言。我一批批找過去：法語組，阿拉伯語組，……等聽到英語講解時，整個大廳已走了一大半。我看錶：差幾分就是 3 點。

　　哈桑二世清真寺是伊斯蘭世界最西端的大寺，也是世界第三大清真寺，由哈桑二世國王決定建造，用以紀念他死去的老國王穆罕默德五世。這是摩洛哥最具勃勃雄心的建築，並以哈桑二世他自己的名字命名。設計師是法國人，工作始於 1986 年。它耗資 5 億多美元，占地面積 9 公頃，其中三分之一面積建在海上，這是為了紀念在摩洛哥的阿拉伯人祖先，當年是從海上而來。也有一種說法是，國王曾有過一夢，夢中接獲阿拉的真言：「真主的寶座應建在水上」，所以清真寺決定部分建在海上。

　　為實現國王的夢想，摩洛哥舉國捐贈，其中 3/5 是國內外捐款，其餘是政府出資。整個工程由法國公司承包。3 萬名工人和技術人員移沙填海，用掉了30 萬立方米混凝土、4 萬噸鋼材和 6.5 萬噸大理石。原先目標是 1989 年前完成，獻禮給國王哈桑二世的六十歲生日，但是最終在 7 年後的 1993 年 8 月 30 日建成啟用。

　　清真寺的宣禮尖塔是世界上最高的 210 米，尖塔上的鐳射指向麥加。尖塔如此之高，加上清真寺有三分之一是建在指向大西洋的一個海角之上，所以信徒在海上時也可以向它禱告。

　　整個清真寺可同時容納 10 萬人，裡面 2 萬，廣場 8 萬，是世界第三大清真寺，排在沙烏地阿拉伯的麥加和麥迪那清真寺之後。

　　主體大殿的屋頂可以遙控開啟與閉合，25 扇自動門全由鈦合金鑄成，可抗海水腐蝕。正面大門重 35 噸，據說只有國王來了才會打開。開啟大門不用鑰匙，而是使用一組密碼，否則就是撬也撬不開。

　　大殿內的大理石地面常年供暖，冬季氣溫降低時，地板可以自動加熱；夏季室內溫度過高時，屋頂可以在 5 分鐘內打開散熱。

　　大殿內的牆壁也都是大理石材料。壁上的裝飾無論是素雅抑或繁縟，都屬於精雕細琢的伊斯蘭風格。殿內外迴廊玉柱照樣氣宇軒昂。

▲ 哈桑二世清真寺大殿內部主廳。

▲ 大殿內的大理石牆壁。

▲ 大殿側面通向地下廳的半露天入口。

▲ 地下廳的廊柱上用阿拉伯文刻成的圖案。　　　▲ 地下廳中間的蓮花狀洗禮泉。

　　在地下廳的廊柱上，有用阿拉伯文刻成的圖案。它們與我後來在古城菲斯
的香料神學院裡看到的瓷磚壁畫有相似之處，也是以書法形式組成的（真主）
「阿拉」 (Allah) 字樣。但材料不同，這裡用的是瓷磚。

　　哈桑二世清真寺不僅內部殿堂宏偉輝煌，它的外部廊柱以及廣場佈局同樣
氣宇軒昂。廣場西面的海岸正對大西洋，恢宏寬闊，亦是休閒流連的好地方。

▲ 地下廳的清真寺浴池。　　　　▲ 清真寺外部與主題大殿連接的側廊。

▲ 清真寺大廣場上一個拉包獨行客的全部行裝。

◄ 清真寺西邊的海岸面對大西洋。

裡克咖啡館

卡薩布蘭卡的第二個景點是裡克咖啡館，它離清真寺不到 1 英里，步行 10 多分鐘可達。走出哈桑二世清真寺，走過露天廣場，朝左（東）拐，就是 Sour Jdid 大道（Boulevard），這條大道一直可達裡克咖啡館。這裡通常有很多計程車在候客。

在 Sour Jdid 大道上走不久，就能看到遠方右邊出現了三、四層高的幾幢白色建築，那就是裡克咖啡館所在。這條街上有不少領事館，建築比較講究，四周通常有圍牆，甚至還有士兵站崗。

裡克咖啡館本身是個好萊塢大片《卡薩布蘭卡》引發的「傳奇」，電影原本是部羅曼蒂克片，儘管演員陣容強大，原著也很出色，但是其推出匆忙，人們的預期也很普通。但是它趕在了 1942 年底前上映，當時英美盟軍在幾週前剛剛展開了「火炬行動」，開闢了北非戰場，所以該片十分「應景」，在數百部電影中脫穎而出，首映極為成功，後來更是一氣拿下好萊塢三項大獎。

該電影強調了當年這個城市的（法國）殖民地位，生動描繪了歐洲各國力量之間在此地的明爭暗鬥。美國人在法國北非的三個攻擊點，其中之一就是卡薩布蘭卡；1943 年邱吉爾與羅斯福討論二戰進展的會晤，也發生在卡薩布蘭卡。這些都大大提高了這個城市對外部世界的吸引力。

▲ 哈桑二世清真寺露天廣場對面路邊候客的計程車。

▲ 圖中遠方的白色建築，就是裡克咖啡館所在。

◀ 裡克咖啡館正面。

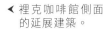

◀ 裡克咖啡館側面
的延展建築。

▲ 緊挨著裡克咖啡館的老城門，城樓上的古炮還在。

　　大片的成功觸發了商人無孔不鑽的靈感，卡薩布蘭卡的「裡克咖啡館」應運而生，並且名聲鵲起。它靠著殘留的老城牆而建，內含餐館、鋼琴酒吧、咖啡廳幾個部分。按照電影的情節，廳裡還放有真正的 1930 年代的法式 Pleyel 鋼琴，而客人們經常愛點的歌曲「As Time Goes By」也和電影裡的一樣。

　　我原計劃是要進入咖啡館的，沒想到它並非全天服務，下午三點就關門了，重新開張要等到六點。無論是等到六點還是六點後再來，對我來說時間上都有一定難度。但我還是想進去轉一轉，所以我決定先試一試。

　　大門緊閉著，外面還有一道鐵鍊門。沒有門鈴，我上前敲門。好一會兒終於來了一位侍者模樣的人，他向我證實了六點才開門，我便請求能否讓我進門看一眼，我說自己是「遠渡重洋慕名而來明天就走」，今天等不到傍晚了。他看了我一眼，還是搖頭攤手走開了。

　　雖然有幾分遺憾，但即便能進去「瞄」上一眼，與身處當年的氛圍之中正襟圍坐從容用餐的體驗，還是不可同日而語的。

裡克咖啡館的樓房，是靠著老城門城牆而建的。卡薩布蘭卡市也有老城區，但遠不可與四大皇城相比，所剩的只是支離破碎的片斷，已經看不到當年的完整容貌了。從咖啡館側面延展部分繼續向東南方向走不遠，就能看到這段老城牆的遺留部。還能看到當年的古炮，但城牆之下，已改建成了餐館。

　　離開裡克咖啡館之前，我向四周張望，努力想像二戰期間這個北非重鎮人群混雜諜影重重的喧嘩情景。但是眼前的街景不但並不繁華，甚至有點簡陋。這裡不存在想像中的浪漫。

　　從 Sour Jdid 大道來裡克咖啡館的途中，會經過一個小小的分叉路口，因為遠處看到的白色建築在走了一段路之後，會被遮擋看不到了。所以我在分叉路口需要問路確認一下。這時我遇上了兩位當地的年輕人，他們帶著我走了一段路，然後沒等我說聲謝謝便「揚長而去」。幾步之後我叫住了他們，他倆回頭，我舉起了相機，他們微笑著擺開了姿勢。拍完了照之後，我走近前去，與他們聊了幾分鐘。摩洛哥的年輕人熱情陽光，是他們留給我的印象。

▲ 從裡克咖啡館正門處回頭看
　過來的西北方向街景。

▲ 給我指路帶路的兩位可愛的
　當地年輕人。

第一章｜名不符實卡薩布蘭卡　　35

在摩洛哥的第一個夜晚

那天晚上我在旅館附近轉悠溜躂，那一帶是卡薩布蘭卡的鬧市區。夜晚的大都市顯然是男人們的天下，在人行道、在咖啡館、在飲食攤、在書市旁，那些男人們或三三兩兩，或單槍匹馬，或聚桌舉杯，或邊聊邊逛，婦女則幾乎不見蹤影。街面的氣氛平和，人們的神態友善。我走過了好幾條馬路，找了點吃的，嚐了點冷飲。我也想找人聊聊，但沒看到合適的對象。由於逛得離旅館比較遠，往回走時差點迷了路。

晚上 10 點多我終於回到旅館。我躺在床上，想起新來乍到摩洛哥，這第一站多有不順，比如計程車的遭遇令我意外和不快，雖然出發前就讀到過資料上對這一行業人員的警告提醒，但自己還是遇上了；哈桑二世清真寺由於遲到耽擱看得過於匆忙；裡克咖啡館則是時間沒對上；卡薩布蘭卡之行幾乎乏善可陳，對這個第一大城的名不符實心中不爽起來。

午夜時分正要入睡，忽然街上傳來噪聲，乍聽起來像是「派對」活動，但更像是吵架。十多分鐘後，勢頭不減反增，而且愈演愈烈。我按耐不住，爬起

▲ 夜市裡的小書報雜誌攤。

▲ 市中心路邊小巷裡的夜市小食鋪。　　▲ 夜市裡小飲食咖啡店鋪外休閒的當地人。

來打開門窗，那是一種法式的落地門窗，直通的二樓陽臺很小很窄。我探頭往下看，鄰街果然是有群架，十好幾人在追捉、扭打、叫罵，旁觀的人也不少。不經意間我轉頭，發現左右上下同一旅館的窗戶陽臺上，居然人頭綽綽，都在靜默地觀看著街頭的這一幕鬧劇。

　　早就聽說過，也許是氣候的關係，摩洛哥人晚上比白天活動更多，能量更足，何況那是臨近週末的星期五之夜。我心中暗暗叫苦。

　　此起彼伏折騰了將近一個小時，最後警車叫，警燈閃，員警到，街頭才慢慢平靜下來。這個時候我不想再看手錶，也許知道了時間會更著急。想不到居然連睡覺都不得安寧！

　　我仰面而躺，努力在心裡對自己說：Take it easy! 出門看世界，這一切不正是要看的「真實世界」一部分嗎？想起有好友曾說過：意外事故也是過程的一部分，凡經歷的必有價值。我腦裡一閃亮，心裡一放鬆，睏乏勁終於上來了，睡吧。「我勸本公重抖擻」，明天還要「而今邁步從頭越」呢。

　　第二天一早我就起床了。要趕八點多的火車，去紅色之城馬拉喀什啦……

中世紀傳奇馬拉喀什

2 中世紀傳奇馬拉喀什

馬拉喀什是摩洛哥的第三大城，南部政治中心。它地處沙漠邊緣，但是氣候溫和，林木蔥鬱，有「南方的珍珠」之稱。早在柏柏爾人年代，來自南方的駝隊經過這裡時都會為之震撼，因為這片綠洲是他們沿途所見的最美。在柏柏爾語中，馬拉喀什就是「神的土地」的意思。

柏柏爾人從新石器時代就在此居住，但馬拉喀什城市的建立，則是 11 世紀阿爾莫拉維德王朝時期的事。它的發展有過大起大落，後來馬拉喀什成為了王朝的皇城，宮闈城牆多用赭紅色岩石砌成。所以在阿拉伯語中，馬拉喀什又指「紅色」。它因而以「紅色之城」聞名於世。

馬拉喀什有摩洛哥「第一旅遊大城」之名，一方面因為它曾三度成為三個摩洛哥王朝（阿爾莫拉維德、阿蒙哈德、薩迪）的都城，作為皇城的時間長達300 多年；另一方面因為在中世紀它有過最輝煌的時期，奠定了文化宗教藝術學術等的深厚基礎；第三方面是因為馬拉喀什還有馳名於世的名勝和幽靜的園林，其中的傑出代表，就是神秘奇特的瑪卓利花園。

馬拉喀什的中世紀傳奇，始於那個時期詩人學者們向這裡的遷移。摩洛哥最早的清真寺開始在這裡建造，伊斯蘭神學院開始在這裡成立，體現伊斯蘭和摩洛哥風格與精髓的民居也開始在這裡出現。在成為文化與宗教中心的同時，來自塞維利亞（Seville）的安達盧西亞（Andalusian）工匠在城市建造和裝飾了許多宮殿，開發了以雕刻圓頂和拱形拱門為特徵的倭馬亞（Umayyad）建築，

這種安達盧西亞與撒哈拉西非設計的融合，創造出一種完全適應馬拉喀什環境的獨特建築風格。

摩洛哥獨立以後，馬拉喀什在諸城市中最早成為世人矚目的旅遊勝地。上世紀 60 年代至 70 年代，眾多西方搖滾明星與音樂人、藝術家、電影界人士及模特時尚名人蜂擁而來，一度成就了馬拉喀什「嬉皮麥加」的美名。在短短數年中，它的旅遊收入翻番成長。聞名遐邇的甲殼蟲樂隊及滾石樂隊都在這裡度過了很多美好時光。進入 21 世紀之後，在國王穆罕默德六世的政策進一步推動下，新興酒店、購物中心、住宅房產蓬勃興起。在當今世界，馬拉喀什的古城風情和時尚新潮已與開羅和大馬士革等齊名。

馬拉喀什「七聖徒」

在那些給馬拉喀什帶來巨大影響和深刻變化的聖人學者中，最出名的是馬拉喀什「七聖徒」，又稱「馬拉喀什七賢」。這七個人是：馬拉喀什的守護神（阿布·阿巴斯·薩布蒂）、柏柏爾血統的摩洛哥蘇非派領導人（穆罕默德·賈祖利）、伊斯蘭教語言學家和法學家（蘇海利）、著名的伊斯蘭學者和法官（卡迪·阿亞德）、馬拉喀什第一個伊斯蘭流派蘇非兄弟會的創始人（阿布德爾阿齊茲·特巴），及特巴的繼任者（阿布達拉·加茲瓦尼）。

馬拉喀什老城裡至少還有其中三位聖徒的陵墓：馬拉喀什的守護神聖徒、蘇菲兄弟會創始人、及其接班人。每年四月，信徒都要來馬拉喀什進行朝聖活動（Pilgrim of the Regraga），依次朝拜他們的聖陵。

「七聖徒」和古老城市的故事，使得馬拉喀什以獨特的魅力吸引著難以計數的遊客，從海內外紛紛來此探究中世紀的秘密。馬拉喀什的千年奇蹟，影響了摩洛哥幾代人，影響了其後和其他城市整整幾百年的發展。

至今摩洛哥人仍會說：「去朝聖七聖徒」，那意思就是「去馬拉喀什」。「七聖徒」代表了馬拉喀什，馬拉喀什就是「七聖徒」。後來送我去梅克內斯的導遊在途中的那幾個鐘頭裡，也多次「絮絮叨叨」地主動給我講「Seven wise men」的故事，我能感受得到他內心的崇敬，體會到那些人在民間的聲望。

馬拉喀什的輝煌和它的獨一無二，使之甚至成為摩洛哥的象徵。直到幾十年前的近代，摩洛哥仍被稱為「馬拉喀什王國」。其國名的西班牙語（Marruecos）、葡萄牙語（Marrocos）、法語（Maroc）和德語（Marokko）等，其實都源於柏柏爾語單詞「馬拉喀什」（Murakush）。而該城市本身，則反倒被稱為「摩洛哥城」。

初抵馬拉喀什

　　我從卡薩布蘭卡乘火車去馬拉喀什，3個多小時到達，比較準時。

　　走出車廂下得車來，馬拉喀什火車站在陽光燦爛之下顯得一片清新。從月臺望去，車站主大樓內面的落地大窗戶寬敞明亮現代新穎，大樓向外的延伸部頂棚薄紗般的設計帶有中空的通風口，兼顧了採光與遮陽。大樓四周的裝飾精緻細膩對稱，十分典型的伊斯蘭風格。

　　我走出車站回頭望去，火車站大樓正面古城門式的整體外形像極了號稱摩洛哥第一和第二的「曼蘇爾大門」以及「布希拉德大門」；中間高達二、三層的落地玻璃廳堂進口處，配上了花卉般的簡單幾何圖形裝飾，密密麻麻，工整對稱，整一個工程傑作。

▲ 從火車站月臺看車站大樓內景。

▲馬拉喀什火車站正面。

　　像許多北非城市一樣，馬拉喀什有一個老城「Medina」，它是個高大城牆圍起的古老要塞，裡面窄街狹巷，古蹟密佈；還有一個毗鄰的現代新區，新區中最突出的是「Gueliz」。火車站在新區，新區建於 1913 年，以歐式建築居多，街道寬，濃蔭多，充滿現代化氣息。

　　馬拉喀什很早就特別受到法國人的青睞，許多法國名流在此擁有房產物業。濃厚的歐法風情，竟然使得馬拉喀什、甚至整個摩洛哥都有了「法國後院」的名聲。

　　大街上經常有馬車的「得得」聲從身旁從容飄過，這是一種四人甚至五人座的（駕馬人旁邊也可坐一人）的遊覽馬車。它可以兩小時繞老城一圈，看遍所有老城門，要價 400Dh。在淡季或不足四人時，可還價至 300，而且甚至可以自由選定路線。

　　我當時想著新區的目標是瑪卓利花園優先，況且只有自己一人，所以沒有採用馬車。臨別馬拉喀什前一夜當我走過一段黑夜中的城牆時，感受到濃濃的古風，瞬間明白了自己老城門還沒有看夠，便有點後悔沒在白天坐馬車瀏覽，因為馬車繞老城是全面縱觀中世紀城牆城門的一種捷徑。

我在馬拉喀什總共逗留了兩天兩夜。第一天乘火車中午到達，下午就去了新區。從撒哈拉大沙漠回來後的第二天，我一整天都花在馬拉喀什老城。

　　馬拉喀什的新區和老城二者都值得看，但中世紀的精髓在老城。我觀賞的馬拉喀什十個景點，其中有九個在老城。

▲ 馬拉喀什新區街道寬敞明亮清潔整齊。

▲ 馬拉喀什大街上的遊覽馬車。

傳統民居「樓閣」

在馬拉喀什的兩個夜晚，我嘗試了兩個不同風格的旅館。第一夜住新區，是一種新式的建築，離火車站和瑪卓利花園都不遠。第二次沙漠回來後改住老城內，那裡有很多一種稱為「樓閣」式的家庭旅店，英文叫「Riad」。

Riad 的音譯是「里亞德」，與沙烏地阿拉伯首都「利雅德」（Riyad 或 Riyadh）同音，但是譯成「樓閣」更為確切。「樓閣」的建築結構，適用於上至宮殿、下至民居。它的特點是高牆圍繞，建築中間（一定）有個中心庭院，庭院可大可小。這種結構有利於建築內部降溫，非常適合摩洛哥的氣候環境。

阿拉伯王朝在建立伊始，就提倡這種建築。它也反映了伊斯蘭所強調的婦女在居住地的隱私性，或者說「封閉性」。它隱含的意思是，婦女如果想見戶外天空，在院子裡就行了。

此類樓閣實際上源自一種羅馬別墅（Villa），最早可見於摩洛哥的瓦盧比利斯羅馬遺址，那裡的挖掘提供了「樓閣」式建築最早的印證。

這種「樓閣」式建築結構還有一個特點，就是通常屋子頂部有露天陽臺，陽臺中部與下面的中心庭院直接相通。

▲ 我住的「樓閣」式小旅店內部的中央小庭院。

▲ 我住的「樓閣」式小旅店的露天陽臺。

▲ 瑪卓利花園的「瑪桌利藍」主建築。

瑪卓利花園

　　瑪卓利花園是 20 世紀最神秘的花園之一。法國風景園藝畫家賈克 · 瑪卓利（Jacques Majorelle）於 1924 年買下那塊地，開始設計和建造庭院，最後成了他的家和他的藝術工作室。畫家很多東方風格的水彩畫並沒有引起過多少注意，他創造的這個花園卻取得了極大的成功，成為他的成名傑作。他在花園裡用了極多極度的 (Obalt 鈷) 藍，這種顏色因此而出名，並以他的名字而命名為「瑪桌利藍」。

▲ 瑪卓利花園充滿少見的個人表白和神奇力量。

▲ 瑪卓利花園收集了代表著五大洲的各種植物。

花園從 1949 年起對公眾開放，1980 年後由另一位著名設計師買走。新主人 2008 年去世後，骨灰便撒在了瑪卓利花園。

專業人員稱，瑪卓利花園是充滿了少見的個人表白和神奇力量的一個地方，它的藝術成就很難企及。花園收集了代表著五大洲的植物；擁有 15 種以上北非特有的鳥類；植物的形狀和形式多種多樣；仙人掌的收集尤其完整，所以在植物園藝愛好者和專業人士圈內，很受熱愛和崇敬。據說在馬拉喀什的景點中，不僅它的訪客最多，門票也是最貴的。其他景點幾乎都是 10Dh，瑪卓利花園獨收 25Dh，高出 1.5 倍，還只收零錢，不予找零，透著一股子「牛」氣。

瑪卓利花園裡有一個伊斯蘭藝術博物館，位於花園內最為醒目的「瑪桌利藍」的建築內。

▲ 瑪卓利花園是植物園藝愛好者和專業人士的大愛。

老城景點很集中

馬拉喀什老城是觀賞的重點，它的九個景點，分佈集中相距不遠。老城裡行車不方便，更無公共交通，步行應該是最佳選擇，一天的時間足夠了。

我計畫中的景點包括：庫圖比亞清真寺，巴伊亞宮，薩迪王朝陵，巴迪宮，賽義德博物館，本優素福大學，馬拉喀什博物館，庫拜默拉威姬，傑馬夫納廣場。

那天出發之前，我向旅館老闆質詢他對當地景點的看法。他給了我一張法語小地圖，很簡單

▲ 瑪卓利花園裡的伊斯蘭藝術博物館。

但包括了我想去的所有景點。我相信法語比英語更方便指圖問路，因為法語也是摩洛哥的官方語言，所以我問路主要就用它了。我還讓老闆給各個景點「排名次」，和我所準備的一一對照，心裡就更有數了。

最後我就是拿著這張法語小地圖「走遍老城」的。圖中標出的 11 個景點我都去了。露天市場 (Souks) 我歸類於傑馬夫納廣場，所以只算 10 個。圖中的數字，就是當地旅店老闆標示的他心目中的優先次序。

▲ 旅館老闆給我的老城景點簡圖。

庫圖比亞清真寺

庫圖比亞清真寺（Koutoubia Mosque）是馬拉喀什最大的清真寺，位於傑馬夫納中心廣場西面 200 米。宣禮塔高 77 米，完成於 1184 至 1199 年間。它

▼ 庫圖比亞清真寺正面全景。

的結構啟發和影響了摩洛哥甚至國外例如西班牙後來的一些建築，包括摩洛哥首都拉巴特的哈桑塔（Hassan Tower），以及西班牙塞維利亞大教堂的吉拉爾達（Giralda）鐘樓。

尖塔的設計是為了防止塔頂的人眺望國王的後宮。清真寺位處城市中心，法國統治時期，馬拉喀什新區通向四面八方的公路網，就是以它為中心而發展開來的。

清真寺的名字庫圖比亞「Koutoubia」包含著「Bookseller」（賣書攤）的意思，這是因為全盛時期以此清真寺為基地的傳統集市中，各種各樣的賣書攤竟然共有 100 個之多。

庫圖比亞清真寺塔部頂端裝飾著弧形窗、帶狀瓷嵌體和尖型的城垛，以及裝飾型的拱門，頗具特色。

▲ 庫圖比亞清真寺尖塔部。

巴伊亞宮

巴伊亞宮（Bahia Palace）是當地旅館老闆推薦的第一景點。它建立於 19 世紀末期，是當時最大的宮殿。建造者是當時號稱「馬拉喀什的偉大臣子」的宰相艾哈邁德（Bou-Ahmed）。「巴伊亞」的英文「Bahia」意為「Brilliance」（輝煌），來自艾哈邁德一個妻子的名字。

巴伊亞宮座落在一個 2 英畝的大花園中，相當豪華奢侈。艾哈邁德和他的 4 個妻子、24 個妃妾，以及許多孩子都住在裡面。宮殿有一個寬敞的中央庭院，庭院中央有噴水池，四周的房間都通向庭院，包括為嬪妃所用的後宮客房。房屋窗臺的設計非常獨到，主人可以依著窗戶抬頭看院外藍天、低頭看院中噴水，特別適合靜思默忖想心事。

巴伊亞宮的雄心，是要建成當時最偉大的宮殿。所以設計及建造均十分用

心。它抓住伊斯蘭和摩洛哥風格的精髓，集精美與雅致於一體。房屋的天頂、門廊、大門、窗戶都被裝飾得美輪美奐。

　　由於主人本身就是個當年暴發而成的貴族，所以建成的巴伊亞宮及其結構特色充分展露了當年摩洛哥貴族的生活風貌，體現了那個時代的口味，是一座展現伊斯蘭藝術的最好博物館。他所用菲斯帶來的工匠雖然廉價卻手藝高超，巴伊亞宮非常值得從不同的角度細細的品味。

▲ 巴伊亞宮建築的天頂門廊門窗都裝飾得很講究。

▲ 巴伊亞宮內庭。

◀ 巴伊亞宮大門。

雖然巴伊亞宮獲得了「摩洛哥最好之一」的美譽，卻也成了其他富豪羨慕與嫉妒的對象。在 1900 年主人艾哈邁德去世後，蘇丹就搜查了巴伊亞宮，「抄」了他的家。

薩迪王朝陵

　　薩迪王朝陵 (Saadian Tombs) 是摩洛哥最有看頭的城市陵園，其歷史可以追溯到艾哈邁德·曼蘇爾（Ahmad al-Mansur）年代。曼蘇爾是薩迪王朝的第六個也是最著名的統治者，在十六世紀的歐洲和非洲都是大名鼎鼎的重要人物，不但因為地理位置的重要和他政治與軍隊方面的強大，更因為他對伊斯蘭文化、學習、書法、書本等的重視與擅長。他是一個深刻和傑出的學者型政治家與軍事家。

▲ 從薩迪王朝陵入口處朝陵園裡面看。
▼ 從薩迪王朝陵園裡面朝入口處看。

▲ 陵園最著名的房間是曼蘇爾的陵墓。　　　　　▲ 另一個房間的墓碑要小不少。

朝陵裡面埋葬著薩迪王朝 60 多位成員。陵園的位址和資訊曾一度遺失，直到 1917 年法國人採用空中照片技術才重新發現了它。

薩迪王朝陵園有三個房間，最著名的一個是曼蘇爾的陵墓，陵墓有 12 根圓柱矗立圍繞，像是護衛陵墓的將士。大理石墓碑是陵園中最大的。其他 60 多具屍體就埋在簡單的磚瓦和大理石墓碑下，墓碑也相對小一些。其中包括曼蘇爾的皇室族人。

陵園的各個房間裡，都展現了木雕天花板的精美、阿拉伯工匠的卓越技巧和地板瓷磚的五彩斑斕。所有墓碑的房間，都裝飾著優雅的穹頂。

▼ 薩迪王朝陵園的小園地埋葬著僕人和士兵。

巴迪宮

　　巴迪宮 (El Badi Palace) 是一座用於外交酬客的宮殿，是薩迪王朝的曼蘇爾國王的一個傑作，建於 1578 至 1594 年間。

　　巴迪宮建得十分奢華，它的資金來自葡萄牙捲入當年「三王之戰」失敗後的「贖金」。所謂「三王」，指的是當年摩洛哥被廢黜的「舊國王」、答應支持他復位的葡萄牙國王、奪位成功的摩洛哥「新國王」那三個國王。說來那個「新國王」還是原來「舊國王」的叔叔，在奧斯曼帝國的支持下篡位成功。葡萄牙國王作為基督徒正有意來個「十字軍」式的討伐，於是在 1578 年 8 月於摩洛哥北部進行了一場「三王之戰」，結果葡萄牙支持的那個「舊國王」復位沒有成功，反而賠上了大量「贖金」。

　　巴迪宮修建了四分之一個世紀，使用了那個時期最好、最昂貴的材料，用上了黃金、瑪瑙、義大利的大理石等。薩迪王朝時期的摩洛哥建築受西班牙安

▲ 巴迪宮全景顯示出中世紀宮殿的宏大氣勢。

達盧西亞裝飾傳統的影響極大，巴迪宮正是當年西班牙和北非之間的伊斯蘭文化交流互動的一個範例。它從整體佈局到裝飾風格都借鑒了西班牙格瑞那達 (Grenada) 的阿爾罕布拉宮 (Alhambra Palace)。

宮殿的名稱來源於「Badi」（巴迪），那是古蘭經稱呼上帝的 99 個名字中的一個，意思是「無法比擬的」。在當時，巴迪宮是一個極為壯觀的建築成就。

隨著薩迪王朝的垮臺和阿拉古特王朝的興起，巴迪宮很快衰落。建成後僅一個世紀，阿拉古特王朝的新強人伊斯梅爾國王便將它那極為豐富精美的裝飾

▲ 巴迪宮殿也是個城堡，堡高牆厚。

材料掠奪一空，用去建造他在梅克內斯的新宮殿了。

賽義德博物館

　　賽義德博物館 (Si Said Museum) 是當地大師級工藝水準的里程碑展示，集中反映了當地「樓閣」式建築結構的優雅精美。尤其是其木製藝術和彩繪的成就。可惜那天是星期二，不對外開放。

▲ 賽義德博物館大門。

本優素福大學

　　本優素福大學 (Ben Youssef Medersa) 是以阿爾摩拉維德王朝的第五個蘇丹本優素福命名的伊斯蘭大學，名字中的「馬德拉斯」（Medersa）是神學院的意思。本優素福在位時極力擴張馬拉喀什和它的影響，主張建立摩洛哥最大的大學。為紀念他的前瞻性努力，摩洛哥後來的馬里尼德王朝於 14 世紀建立了以他命名的這所大學。薩迪

▲ 本優素福大學進門就是典型的方方正正的大院。

王朝的第二個蘇丹阿卜杜拉・哈裡卜（Abdallah al-Ghalib）在 16 世紀又將之重建，重建令手跡，就陳列在大門正對面的祈禱室裡。

值得注意的是，本優素福大學庭院中的水池與早期的馬里尼德設計背道而馳，取消了馬里尼德時代典型的噴泉設置。

本優素福大學大院的側面樓上，有環繞在庭院的 130 個學生宿舍單元。庭院四周佈滿了雪松、大理石和華麗的雕刻。

▲ 本優素福大學環院的二層建築。

▲ 本優素福大學庭院俯瞰。

▲ 從二樓內層看大學大院的「樓閣」式建築結構。

▲ 當年學生苦讀的生活單元。

▼ 從二樓俯視大學的入口處。

▲ 帶有伊斯蘭圖案和「庫法體」
題字的壁龕。

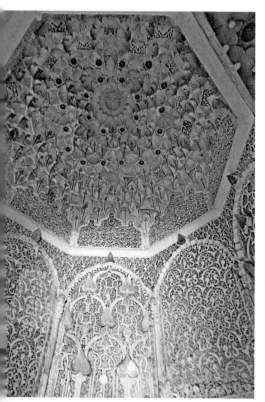

◀ 鐘乳石拱頂。

本優素福大學是北非最大的神學院校之一，可容納多達 900 名學生。大學曾於 1960 年關閉翻新，1982 年作為歷史遺址重新向公眾開放。

大院四周的壁龕常帶有伊斯蘭圖案和庫法體題字。所謂「伊斯蘭圖案」，指不允許人物動物而只有花卉與幾何圖形的裝飾，那是伊斯蘭建築的規定。

所謂「庫法體」（Kufic），是伊斯蘭書法中最古老的一種字體，以伊拉克文化名城庫法（Kufa）命名，它通常用來書寫古蘭經，一直延續了數百年。11 世紀後，庫法體便不再用作書寫，而是作為裝飾性字體流行。它的特點是粗獷、優美、棱角分明、整體感強。「庫法體」又稱「伊斯蘭體」。

鐘乳石拱頂是一種稱為「Muqarnas」（意思是「蜂窩」）的拱形裝飾結構，它的特點是無數細分成細胞結構一般的小片片，密集地組合成一種蜂窩狀般的拱頂。通常用於圓頂，尤其是進口處的圓頂或半圓頂，屬於傳統的波斯建築特色，也被伊斯蘭建築大量採用。其中有些基本元素小片向下傾斜垂掛，使人想起「鐘乳石」，所以也稱「鐘乳石拱頂」。

本優素福大學附近有個同名的清真寺，叫「本優素福清真寺」。二者是聯合擁有運行的，但是清真寺不對非穆斯林開放。

▲ 博物館的大型中庭原來是個露天的庭院。

馬拉喀什博物館

馬拉喀什博物館 (Museum of Marrkesh) 所在地的前身，是建於 19 世紀的達‧梅內比宮 (Dar Menebhi Palace)，它是建造者邁赫迪‧梅內比（Mehdi Menebhi）當年的家。這是一個受人愛戴的國防部長級別的大臣。20 世紀經藝術界人士贊助修復住宅，1997 年改建為博物館。

這座房子本身是一經典的安達盧西亞風格建築，極具觀賞性。院子中央庭院設有噴泉，四周圍有傳統的休息區，還配有土耳其式浴室，到處裝飾著複雜精細的瓷磚和雕刻。

改建後的博物館，將大型中庭原有的庭院用玻璃和織物覆蓋。庭院上方新安裝的天花板上裝上了一個非常大的中

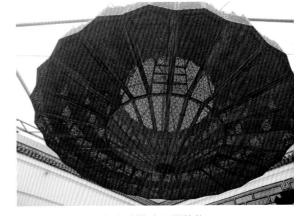

▲ 庭院上方的中央懸掛式吊燈裝飾。

▲ 側廊上懸掛的精美裝飾燈。

央懸掛吊燈式的裝飾件，用精美的幾何圖形和碑銘金屬板片裝飾地插而成。它的巨大燈罩象個 UFO（不明飛行物），平添幾分神秘與想像。原來庭院的其他部分，包括地面集盆，馬賽克等幾個功能都得到了保留。

博物館展出的是現代和傳統的摩洛哥藝術，包括摩洛哥猶太人、柏柏爾人和阿拉伯文化的歷史書籍，錢幣和陶器等。猶太人在摩洛哥社會的地位與展示，從一個角度反映了這個國家的包容。

庫拜默拉威姬

庫拜默拉威姬 (Quobba EL Mourabiti) 就在馬拉喀什博物館旁邊，是馬拉喀什現存的最古老的建築，比庫圖比亞清真寺都要早將近一百年。它沒有人管理和保護，卻依然屹立如舊。

▲ 庫拜默拉威姬是馬拉喀什現存的最古老的建築。

▲ 清晨的傑馬夫納廣場靜悄悄。

傑馬夫納廣場

傑馬夫納廣場在馬拉喀什市中心，是一個集娛樂、商業、休閒等多功能於一身的千年大廣場。它在整個非洲都極其有名，是一個世界級別的著名廣場，也是馬拉喀什最負盛名、最有魅力的地方。

廣場的歷史變遷說來令人唏噓，它過去曾經是處決人犯的公共場所，王室通過這種做法來公開宣示和炫耀權力，威脅民眾。廣場在城市的起伏中也經歷了衰退與更新，來自城市周圍的沙漠和山地的居民，背景身份極不相同的三教九流天天聚集於此，到這裡進行貿易往來。而在最早期的時候，柏柏爾人在這裡是曾經受到歧視和厭惡的。

當今世界人們描述和稱讚傑馬夫納廣場是：城市的標籤、過去與現在的橋樑、摩洛哥傳統遇見現代的地方。1985 年它成為世界教科文組織的「人類口述和非物質遺產傑作」。

我在傑馬夫納廣場化的時間是最多的，早中晚總共了三次。說起對摩洛哥的最愛，我首先想到的也是它。

傑馬夫納廣場四周就是「大巴紮」，即露天大集市。馬拉喀什擁有摩洛哥最大最多的傳統柏柏爾市場，這也是城市形象的標誌之一。有人描述它是一座「複雜小巷連接起來的蜂窩」，老城的這一部分簡直就是一個「微型麥迪那」。

那裡的小店小鋪有大有小，小至「不過小衣櫃」式的小商亭，大到裡面猶

如「阿拉伯洞穴」的深鋪店面。它們
不光出售大小商品，而且也手工製造
產品。這有點像上海以前的街道工廠。
很多精緻的小商品例如精美的伊斯蘭
瓷磚，就是在這裡製造出來的。在大
巴剎與賣家的討價還價，是露天集市
千年的老傳統，也是情趣無限的一種
異國特色。

曾有人將傑馬夫納廣場與聖城
「伊德里斯鎮」相比較，究竟哪個更
驚豔？伊德里斯鎮是摩洛哥之父伊德
里斯的埋葬地，風景也很美。信徒說，
去那裡朝聖 6 次，相當於到麥加朝覲
一次，可見那地方地位之崇高。

但是，我對傑馬夫納廣場還是情
有獨鍾。它是馬拉喀什甚至全摩洛哥
最富奇特魅力的廣場。它既是廣場，
又是集市，是馬拉喀什的中心，馬拉
喀什最繁華的地方。它誕生於古老的

▲ 廣場附近的一家賣鍍銀器皿的小鋪。

▲ 廣場邊的瓷磚小鋪。

> 中午時分在傑馬夫納
> 廣場上耍蛇的。

中世紀，在漫長的歲月變遷中一直保存並延續著那神秘傳奇的老傳統。當融身在這裡，你能感受到一派中世紀的繁華市井風情。

　　傑馬夫納廣場的活動變化萬千、多姿多彩。海外遊客和當地居民都愛來這裡。它每天的活動場景和「節目」內容是逐漸演變的。清晨時分廣場空曠乾淨靜謐，但是「黎明前的靜悄悄」持續不會很久。賣橙汁的攤販，鏈著巴巴厘猿猴（Barbary Apes）的青少年，還有穿著五顏六色服飾、拿著傳統水牛皮袋和黃銅杯的賣水者，以及擺出各種姿勢讓遊客拍照的耍蛇者，會在上午開始進入廣場。他們「各就各位」，各得其所。到了下午，通常耍蛇者會最早離開，而廣場開始變得擁擠，因為跳克裡耶（Chleuh）舞的男孩、民間藝人、講柏柏爾或阿拉伯故事的說書人、魔術師、還有推銷傳統藥物的小販開始湧入。

　　那天我胸前掛著相機在廣場溜躂，看到一邊有耍蛇的便走了過去。蛇攤的主人一見我就迎了上來，非常友好。知道拍照要收費，我問：How much（要多少錢）？一老者答：Whatever you like（你隨便給）。我於是端起了相機，小夥子馬上擺出了圖中的姿勢，熟練極了。

我正在拍照，突然感覺我脖頸放上了什麼，我猜到是老者給我套上了一條小蛇，但我知道沒有危險。小夥子停止表演，接過相機給我拍照。我感覺老傢伙在動手，好像讓蛇在我脖子上纏繞。我逆著他的方向退出了蛇的纏繞。小夥子拍下了那瞬間，但是他沒有拍好。

完事後我又問：How much ？老頭說：300。我知道他在獅子大開口，就說：No。他又說：200。我說：你說的Whatever I like。最後我給了他50。後來旅店老闆說1歐元夠了，也就是12-15Dh是「標準價」。但他不知纏蛇的事，而我的底線是5歐。因為當地人愛拿歐元說事，也接受歐元和美元。

馬拉喀什的民間文藝歷史悠久，其中來自山區和沙漠地區的小型歌舞隊最為著名，平常在廣場上自由演出，每年5月在這裡舉行盛況空前的聯歡節。人群圍起一個個圓圈，看歌舞表演，看驚險雜技，直到夜幕降臨。

晚飯過後，我再次向傑馬夫納廣場出發。因為白天我已經來回經過並停留過二次，所以那是我一天裡的第三次了。

我從老城牆外的穆罕默德五世大街朝東向廣場走。老城外的馬路寬敞現代，白天機動車輛繁忙。不過到了傍晚，車輛與行人都少多了，幾乎「絕跡」。在經過一個老城門的時候，昏暗的路燈下，它高大厚重的城牆讓我在恍然之間似乎又回到了中世紀，令我遐想。

▲ 夜幕下的老城門。

▲ 靠近主街的這個老城門通向傑馬夫納廣場。

▲ 夜幕降臨，人們從四面八方向傑馬夫納廣場聚集。

老城門所圍的區域，就是稱為「麥迪那」的老城區，周邊共長約 19 公里。它是 12 世紀阿爾莫拉維德王朝所建，用作城市的防衛。城牆高近 6 米，共有 20 個外加配置的塔樓，城角並有花卉裝飾，還配有古蘭經文，十分壯觀。

　　我從一個老城門下穿過去，前方不遠處已是燈火斑斕，那就是魅力無窮的「夜場」傑馬夫納廣場。夜幕將臨，人們正從四面八方向這裡聚集。就在這裡，就在這個廣場，當地人一天的生活高潮剛剛開始。

　　夜幕已然降臨，廣場活動掀起高潮。幾十上百的食品餐飲攤位幾乎在「一瞬間」搭起，擺滿了廣場的三分之一以上空間。即使不在週末，這裡的夜晚也像極了「千里不散搭帳篷」的大筵席。而廣場附近的露天市場裡，街巷交錯，房屋密集，攤鋪林立，到處是頭纏白巾、身穿長袍的阿拉伯人和柏柏爾人，空氣中散發著烤羊肉、烙面餅的香味，人山人海，熙來攘往，狹窄的街巷顯得異常擁擠，它就像摩洛哥版的香港蘭桂坊，摩洛哥版的上海新天地，馬拉喀什充滿了無窮的生命力。

　　我來到廣場上餐飲攤集中區的茶攤邊。這裡賣的是當地人非常喜歡的薄荷茶（Mint Tea）。這裡的薄荷葉子很大，糖塊更大。我嚐了一杯，5Dh，甜極，應該算不健康一類，但是當地人喜歡至極。摩洛哥人喜歡薄荷茶，就像西方人愛喝咖啡，休閒會友，聚會聊天，幾乎人手一杯。據他們自己說，「甜」使得男人「有勁」，哈哈。

▲ 廣場上團團圍坐聽故事看表演的人們。

▲ 廣場上餐飲區域的茶攤。

廣場上餐飲區的選擇很多，晚上來此休閒消費的以當地人居多。我在小「餐桌」旁坐下時偶遇一位藝術家，我們閒聊起來。他是摩洛哥人但常居北歐，這次回摩洛哥談事辦事，暫時住在女朋友家。他正在喝的就是極受當地人歡迎的那種比較特殊的濃湯（沒有專門名字）。我問他，摩洛哥飲食除了 Tagine（塔津），Couscous（一種粗糧蒸丸），Mint Tea（薄荷茶），Soup（摩洛哥濃湯），Fish（魚）之外，還有什麼值得品嚐。他說：牛肉。我問：今晚這裡有好的嗎？他說：大多一般，好的攤位有 44 和 53。我後來去 44 看了看，攤位不大，卻有不少男女老少在吃。我叫了一小盤，20Dh。價廉物美，有入口即化之感，確實不錯。

　　就在這個晚上，我在傑馬夫納廣場轉悠了幾個鐘頭。那是我在馬拉喀什的最後一個夜晚。我在圍成圓圈坐著看表演和說書的人群旁停留；我到飲茶喝湯的「大排檔」鋪去品嚐各種「土產」；從廣場邊演示加推銷的青少年手裡買了幾件小禮品；和同樣悠閒並友好地和我打招呼的當地男女老少閒聊海侃。

　　穿梭轉悠在這一群人中，廣場讓我感到了灑脫和飄逸：眼前的一切古老而淳樸，空氣中洋溢著平實和寧靜。我仿佛在夢境，仿佛在穿越時空，人在身不由己騰飛，思緒飄到了天際。人間的一切於是變得渺小，so is 古往今來的億萬個體，當然也包括了我自己……

▲ 廣場上餐飲區的典型餐桌情景。

▲ 和我偶遇一起品嚐當地有名的 Soup 的一位藝術家。

挺進撒哈拉

3

挺進撒哈拉

　　撒哈拉沙漠是僅次於南極的世界第二大荒漠，是世界最大的沙質荒漠。正是它，把非洲大陸分割成氣候和文化都截然不同的「白色北非」和「南部黑非洲」兩大部分。撒哈拉的影響如此巨大，讓人驚訝。

　　早在中學時代，撒哈拉就是一個遙遠的傳說。雖然沒有三毛那種「屬於前世回憶似的鄉愁」和「夢裡情人」的情結，但是她那些樂觀多情的撒哈拉故事背後所隱藏的悲憐憂鬱，還有二戰名將「沙漠之狐」在沙漠風暴中勇猛穿插閃電突襲的不朽傳奇，都增添了撒哈拉的神秘和詭異。我去摩洛哥，對撒哈拉之行十分期待，好比是去一次赴約，去一個還願。感到終於有機會走近那個傳奇，撩起她的面紗，心裡有的是激動和憧憬。

去撒哈拉沙漠的幾種選擇

　　撒哈拉行是摩洛哥旅遊的一個熱點，節目的種類不少，大多是從馬拉喀什或菲斯出發。時間上三天兩夜的比較普遍，兩天一夜的也很受歡迎。二種節目安排都在沙漠帳篷住一夜，騎駱駝在沙漠總共行走四個小時。我考慮到時間因素，決定走兩天一夜的，在網上找到了兩個完全符合我要求的旅行社。他們的路線和安排相同：早晨 7 點從馬拉喀什出發，翻越高阿特拉斯山，中午在南部重鎮瓦爾扎扎特 (Ouarzazate) 午餐。沿途會在一、二處景點停留。再驅車行進

四個小時抵達撒哈拉邊緣小鎮紮戈拉 (Zagora)，在那裡換成駱駝進入沙漠，兩個小時騎行到達帳篷營地。晚餐後篝火聯歡，夜宿帳篷。第二天在沙漠營地早餐後，從原路返回。

　　兩個旅行社的收費分別為 180 美元和 80 美元，後者需要自付兩天的午餐。定金都要求 15%，前者用 PayPal（相當於支付寶），後者收信用卡。此外，前者要求提前 10 天交齊 180 美元，後者只要求出發前一天晚上派人與遊客見面時交齊 80 美元。我查看了網上的留言，發現對二者的評論都有好有壞。「180美元」也有被罵得狗血噴頭的；而「80 美元」受到的誇獎大多是說「服務態度好」，性價比高。「80 美元」負面的有：1）午餐帶去的餐館太貴；2）有強行索要小費現象。我覺得那兩個問題自己都能處理好，所以最後就選擇了後者。

　　有朋友知道了我的選擇後說：便宜沒好貨，哈哈！其實後來發現，最大的問題是進入沙漠不夠遠。但這是那類節目安排的通病，與價格差異無關。

　　我抵達馬拉喀什的當天晚上，旅行社的阿裡（Ali）就按約定來我旅館，詳細介紹兩天的安排和沿途景點，並收取費用。他說，組團需要至少 4 人，最多不能超 15 人，這算是「行規」。最終人數要等他當夜走訪完畢之後才能確定。他還說：沿途不用給小費。其實後來呢，除司機外其他各環節都是合作單位的人，旅行社是管不著的。而且小費也算人之常情，是少不了的。那是後話。

向撒哈拉挺進

　　第二天一早，我被接到傑馬夫納廣場與其他人會合，換乘中巴。整隊 15 人，滿員。看來雖然已是淡季，撒哈拉依舊熱門。我的「駝友」為：德國大學生 2 女，英國中學畢業生 1 男 2 女，英國利物浦 3 男，加拿大年輕夫婦和新澤西年輕夫婦各 1 對，加拿大女孩 1 人，75 歲美國加州女 1 人。除了加州老婦，大多不過30 出頭。其中一半更是年僅 20 上下，一片蓬勃朝氣。值得一提的是，全隊女性 8 人中，7 人為年輕 MM 大美女，極為賞心悅目，哈哈。

　　打過招呼以後，我坐上司機旁邊的前排雙人寬條椅。司機一聲招呼，馬達一聲鳴響，朝著紮戈拉，挺進撒哈拉，我們出發啦。

➤ 汽車在翻越阿特拉斯山。

紥戈拉在馬拉喀什東南 465 公里。中間要跨越高阿特拉斯山，山上的公路海拔 2260 米，是摩洛哥公路的最高。沿途風景優美，很多電影曾在公路上取景，包括好萊塢名片《Gladiator》(角鬥士)。

　　阿特拉斯山最高處海拔 4167 多米，我們經過的那部分山接近公路最高的 2260 米。

▲ 中途停留的小景點，通常有面向遊客的小攤販。

▶ 小景點處小攤販在推銷迷你型塔津。

作為撒哈拉遊節目的一部分，汽車沿途會在好幾處作暫短停留，其中也包括面向遊客推銷小商品和紀念品的臨時停車點。我們遇到的第一個停車地，推銷的是摩洛哥最有名的一種叫「塔津」的炊具。「迷你型」的通常是裝飾和紀念品。

　　我們在途中的第二次停留，是在公路旁不遠的伯伯爾人的古堡式建築前。

▲ 中途停留的景點：伯伯爾人的古堡式民居建築之一。

那是一種伊斯蘭的古代民居結構，在南部幾乎所有城市中都很典型和流行。很多「老城」也按此模式構建，看上去頗有氣勢。這種古堡建築通常是當地的領袖居住，遭遇進攻時也可以防禦，多建於山坡甚至山頂，牆高而無窗戶。它是一個家族財富和地位的象徵。

▲ 中途停留的景點：伯伯爾人的古堡式民居建築之二。

▲ 中途停留的小景點：雄偉壯觀的「紅山」。

▲ 我們在世界文化遺址附近就餐的飯店外景。

埃本哈杜城堡

中午時分我們抵達號稱「沙漠之門」的南部重鎮瓦爾扎扎特。它是通往撒哈拉的門戶。世界文化遺址埃本哈杜城堡 (Ksar of Ait-Ben-Haddou) 就在它的北邊。我們在鎮裡的飯店停留並午餐。

由於位處經典旅遊線路上，這裡的餐館水準不低。一道正餐加飲料約80Dh，屬於西餐的模式加上本地的食料。

午餐後的重頭戲是參觀著名的世界遺產埃本哈杜城堡。導遊換成了當地的「地陪」哈桑（Hassan）。

▲ 我們就餐的餐館內景。

▲ 瓦爾扎扎特午餐飯店牆上掛的當地地圖。

埃本哈杜城堡是一個北非傳統格式的建築群，依山靠水而建，位置極具戰略意義。它四周高牆圍繞，堡裡建築林立，除了住房，還有清真寺也有集市設施。城牆塔樓民居等均用模塊石和粘土磚建造，圖案裝飾相當講究。

城堡的建成年代不詳。摩洛哥當局 1953 年起開始保護它，並在 1987 成為世界遺產。雖貴為「世界遺產」，城堡的功能依舊。周圍有一小河流過，河水很淺。大部分居民已移居到河一側的現代化村落裡去了，但仍有十戶居民留了下來。

城堡的一部分城牆塔樓有明顯的翻新痕跡，有的甚至是新蓋的。導遊介紹，那是電影拍攝與製作的需要。埃本哈杜城堡現在不但是世界遺產和名勝古蹟，也是好萊塢的熱門取景地和拍攝點。

▶ 遙望埃本哈杜城堡。

▲ 此橋通向埃本哈杜城堡。

▲ 導遊哈桑在橋邊講解城堡歷史與傳奇。

▲ 進入埃本哈杜城堡。

左圖中的 2 女 1 男是我撒哈拉之行的隊友。其中的男孩名叫亞曆克斯（Alex），是英國應屆高中畢業生，已經被大學錄取。他決定延期一年入學，主動來摩洛哥當義工。女孩之一和電影《外星人》（E.T.）中的著名演員茱兒芭莉摩有幾分相似，我將這一「發現」告訴了亞曆克斯並轉告了本人，對方聽後大喜。

在古堡參觀過程中，導遊沿途介紹了幾種當地的特色手工藝，其中之一是「茶葉作畫」。這是用一種當地的茶葉研磨成粉狀後，調水在紙上畫畫，再用小火巧妙烘乾成像。

▲ 城堡前的城牆塔樓。
▼「茶葉畫」的烘乾成象過程演示。
➤ 最後成象的「茶葉畫」。

◀ 導遊哈桑在一家小商品店門前展示一種古老的門鎖。

在一家書畫店裡，哈桑指給我們在埃本哈杜城堡裡拍過的電影名單，共有近三十部之多。據他說，他在所有這些電影裡都有出演，充當群眾演員。他懂英文是個有利條件。大家開玩笑說：那你就當演員算了。但他說他還是當導遊為主，因為遊客的小費就相當可觀了。

The movies made here in ksar of ait ben hadduo
Les film faite à la Kasbah da'ait ben haddou

La caravane du desert
Ali baba et les 40 voleurs
Lawrence d'Arbie
Sodome et gomor
Un thé au Sahara
Le vole du Sphinx
100000 dollars du soleil
Le diamant du nil
Chahrazad
Abraham
Marie de Nazareth
Young Indiana jones
Jesus de narzareth
Samson et dalila
The Garden of Eden
Legionnaires
Joseph
Gladiator
Embassy of dream
Cleopatra
Les derniers cavaliers
In the beginning
The four fathers
Ancient Ehyptian
Kingdom of heaven
Babel
Prince of Persia
The babel

▶ 一家書畫店陳列著在埃本哈杜城堡拍攝過的電影名單。

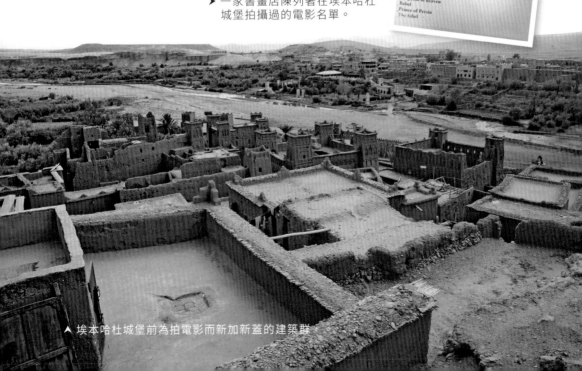

▲ 埃本哈杜城堡前為拍電影而新加新蓋的建築群

▲ 走出埃本哈杜城堡。

　　上圖中走在前面的是我們隊裡年輕的英國電子程式設計員夫婦。後面是新澤西夫婦，男的是救火員，剛經歷了肆虐美國南方的桑迪（Sandy）颱風的大災。最後三位，二位是德國大學生，穿著橙色的來自加拿大。這是一支名副其實的國際旅行隊伍。

　　左圖中兩位戴帽的，是來自英國利物浦的醫生（前）和他朋友。

　　埃本哈杜城堡的上下內外都有豐富的遊覽內容，我們在那裡逗留參觀了幾個小時。當我們重新上路、翻山越河最終到達沙漠前沿紮戈拉時，天已經快要黑了。

◀ 隊友們在埃本哈杜城堡前與導遊閒聊。

▲ 夕陽將落，汽車駛入撒哈拉邊緣小鎮紮戈拉。

進入撒哈拉

在紮戈拉的小鎮邊，汽車停了下來作暫短休息。附近就是當地人推銷沙漠用品的小商販集中點，明顯是針對遊客有備而來的。他們推銷的主要物品，是沙漠人常用的各種紗巾，導遊說是驅蚊驅蟲、擋沙擋風的必需。紗巾的種類很多，低、中、高檔都有。

最後我買了條中檔的，60Dh。賣家當場幫我裹上了頭，也算是過個「癮」、留個念。組裡一半的隊友也都買了頭巾包了頭。隊伍很快再出發，來到了駱駝隊所在路旁的沙漠地，十多頭駱駝赫然出現在眼前。

▲ 賣紗巾的當地柏柏爾人示範頭巾的包裹步驟和方法。

撒哈拉之遊的作業是一條龍、流水線化了的。準備好的駱駝恰好與我們的人數相等，一個也不會少。駱駝組的柏柏爾導遊大致地根據各人的年齡、性別等情況給每一位分派駱駝，

每頭駱駝的身邊也都有人在等著幫忙這些新手來客「上駕」。在牽駝人扶我跨上「駝背」的那瞬間，我意識到特殊的一刻終於到了：人生第一次騎上駱駝，沙漠就在腳下，撒哈拉就在眼前，我真的來了……

那一刻心裡充滿了新鮮好奇和激動。駱駝高高地站起的剎那帶來的些許「驚嚇」很快消散，五、六個駱駝串連成一組，每組前各有一位牽駝人，兩組隊伍並排而行，柏柏爾人熟練地操作，很快我們便穩穩地走進了沙漠。

漸漸地，我們眼前能看到的只有沙子，四周都是沙子了。遠處有山，但當夜幕終於降臨，山也不見了。駱駝踩沙的聲音很小很細，也沒有什麼人說話，都在適應駝上的體驗呢。我不時地擺正姿勢防止忽左忽的偏傾。我右邊的漂亮MM一直和我「並駕齊驅」，我們開始小聲地交流起感受來。四周全黑了，夜空裡似乎只有我們的細語。那時候的心靈感受很奇妙：寂靜陌生的四周像是一片全新的天地，細細的柔語就像天外之音不時飄進耳朵和心裡……這種飄凜空靜的感覺真是一種淨化和提升，一直纏繞著我，直到第二天上午重新走出撒哈拉大地。

▲ 小鎮邊緣沙漠地上等待我們的駝隊。

撒哈拉沙漠之夜

　　二個小時後我們到達撒哈拉帳篷營地。稍事休息後,柏柏爾人用當地的傳統菜餚招待歡迎我們。晚餐的第一道,是當地出名的一種濃湯,味道很豐富、很奇特。每人兩勺,輪到我最後一個時,盆空了。後來新盆端上來時,給我的變成多了 2 倍。結果飯後我感覺有點「暈」,問領隊的哈桑怎麼回事,他說湯裡面有草藥,防風寒的,沒事。我將這事轉告了隊裡新澤西救火員的夫人,因為她一路咳個不停,帶的藥又用完了,湯裡有草藥對她是好消息。

　　晚餐的主菜自然是「大名鼎鼎」的塔津,每人一份。塔津其實就是戴了「高帽」的沙鍋,但是「高帽」設計可能對於熱蒸汽上抽更合理、更有利。塔津裡的食物可葷可素,有葷有素,更多的是主食與副食的混搭。

　　晚飯後的篝火聯歡是撒哈拉之行的高潮,是浪漫之夜的開始。導遊與營地的幾位柏柏爾人點起一大盆篝火,沙漠地上鋪著毯子,甚至有小板凳,大夥圍坐成圈,在熱烈的期盼中,晚會開始了。

　　柏柏爾人嚴格來講並非一個單一的民族,只是眾多部落族人在文化經濟政治生活方面相近的情況下得到的統稱。也就是說,「柏柏爾人」不是他們的自稱,而是「被」稱。最早來自拉丁語「野蠻人」的意思。

　　柏柏爾人對於擊鼓彈琴唱歌非常擅長。那天夜晚我們圍著篝火聽著他們一曲又一曲地彈,一首又一首地唱。曲調古老蒼涼低沉激昂,聽不懂,但能懂。

▲ 撒哈拉帳篷營地柏柏爾人歡迎
我們的晚餐第一道是濃湯。

▲ 晚餐裡的塔津端上來時就是
這個樣子。

▲ 塔津裡有葷有素,
雞肉在下麵。

也許正是他們千百年來生活艱辛的洩發與表達，人類人性的感受是共通的。

晚會後來進入「互動」式，隊友們開始加入「演奏」的行列，試著緊跟節拍擊鼓哼唱，柏柏爾人也過來手把手教大家使用各種不同的大小「樂器」，那都是些簡單卻又古老的「樂器」。最後我走過去，對那四、五個柏柏爾人說，你們唱了也彈了，現在就缺跳了，跳一個舞吧。柏柏爾人推辭起來，看來是有點為難這些大男人了。

但是令我們意外的是，最後領隊的哈桑還是跳著進場來了。他圍著篝火邊跳邊轉圈子，顯然那並非他的擅長和準備，但是歡樂和激情是無須擅長和準備的，最後我們所有人都站了起來，圍著篝火跳了起來。先轉圈，再反轉，跳了很長一段時間，那是那夜的高潮。

▲ 飯後的篝火聯歡。「駝友」在幫著打鼓。

直到午夜時分，人們依然留在沙漠地上擺著的地毯和小椅旁，不願離去。柏柏爾人也三三倆倆地在附近，陪著我們說話，他們當夜有的就是就地而臥過的夜。大家直到凌晨二、三點的光景，依然或坐或躺，仰望著大漠的星空；或思或想，內心的感動在流淌。我問仰臥在身旁的英國中學生亞曆克斯，來摩洛哥做義工，離開舒適的家，到撒哈拉的最大目的和感動是什麼？他說：圖的是難得遠離繁忙和喧囂，享受的就是這份身心的平靜和坦蕩。我點頭。感謝傳奇的撒哈拉帶給我那一奇異時刻，美好激動而又終身難忘。。

▲ 午夜已過，很多人還沒進帳篷。

◀ 沙漠夜已深，荒野孤
燈靜。

◀ 晨曦下的撒哈拉營地，
沙地上的地毯仍然依
稀可見。

◀ 早起的「駝友」在沙
坡上迎接日出。

撒哈拉的凌晨，將要破曉時，我第二個走出帳篷。那個「第一名」上廁所走過我的帳篷時我醒了。帳篷 4 人一「室」，男女混「居」。一點也不冷，白白多帶了很多外衣。

▲ 晨曦下的撒哈拉營地。

▲ 沙坡遠處是一個隊友。

▲ 英國 3 驢友在迎接朝陽。

沙漠營地裡安排的是「永久性」的「帳篷」。整個旅遊操作已經流水化，失去了一些真正的「原始」風味。營地可以接待多組人馬，用的是在摩洛哥非常普及的太陽能。

▲ 露天休息過夜的駱駝們。

▲ 公認的駝中「帥哥」/「美眉」，正等待「公主」/「王子」的白「駝」。

▲ 歸途行進中的駝隊。

▲ 18 歲的英國小帥哥在和我對拍。

▲ 駝隊中的美女們。

▲ 中間的身影就是本「帥哥」的「駝上英姿」，哈哈。

在沙漠的晨曦之下我問亞曆克斯：那兩位女孩裡有你的 girl friend 嗎？他說：沒有。雖然都在摩洛哥做義工，但才認識 3 個星期而已。難怪，他才 18 歲。年輕真好。

第二天的駱駝行，隊友們普遍都感覺自在灑脫多了。駝背上的平衡不再擔心，肌肉摩擦的窘迫也減少了很多。在沙漠的朝陽中前進，心中有著說不出的爽快。

在沙漠中的返程，走的是不同的路徑，這是線路設計和安排者的良苦用心。又一次兩個小時的駱駝沙漠行，使得撒哈拉之旅更加令人難忘。

◀ 駱駝隊伍走出沙漠的那一刻。

告別撒哈拉

最後我們在公路邊的另一個小村鎮與導遊以及隨隊的柏柏爾人告別。這裡其實就是這些柏柏爾人在當地的定居點。柏柏爾人傳統上被認為是遊牧民族，其實也有相當部分是定居的農業人口。而在這一帶，由於撒哈拉旅遊業的發展，他們都無需再去務農了。

▲ 在柏柏爾人住宅的駱駝大院留影紀念。

告別柏柏爾人導遊小組，我們再次換乘麵包車，開始了返回馬拉喀什之旅，並且再次在來時的瓦爾扎扎特歇息和午餐。

◀ 餐館的陽臺裝飾，濃郁的地方風味。

◀ 本地風味的餐館建築也有濃郁的摩洛哥風。

▼ 很多人點的是摩洛哥炸雞，加飲料共約 70Dh。

右圖中是隊裡的大明星小「茱兒‧芭莉摩」，手拿長夾正在給英國小帥哥「餵食」，我叫了他一聲讓她們轉身以便拍照，她們非常喜歡記下了這一刻。

▶ 英國小帥哥在享受特殊待遇。

這次我們換了個餐廳。大家在一個長條桌邊坐定，這是我們最後一次「聚會」了。兩天一夜的朝夕相處，雖然時間不長，卻是一次人生特殊經歷的共同體驗人和見證人，意義十分重大。大家心心相惜而又依依不捨。分別的時刻終究要會到來。

　　下圖中左二和我右一為德國大學生。右二右三是英國夫婦，右末是新澤西夫婦。左三是利物浦男，左末三是英國中學生（Alex 被擋）。英國大夫二人和加拿大女在另一桌。我右邊德女說，我們像在開董事會。我說：那我就是那 Chair-man 咯，哈哈。

　　圖中左側沒有露臉的是 75 歲的加州老大媽，原來是位記者，一年前變成「無家可歸者」，因為她變賣了家產而開始「周遊世界」。我問過她：是什麼吸引著你這樣做？旅行的魅力何在？她說：Meet the challenge!（接受挑戰）

　　這是一位身體力行的實踐者和行動者的肺腑之言，因而格外鏗鏘有力。在千難萬險中挑戰自己，在千山萬水中見到自己，人生應該就是這樣的一次旅行！

▲ 最後的午餐。

Chapter

4

迷失在菲斯古城

4

迷失在菲斯古城

迷失在菲斯古城，你才能真正領略那裡的中世紀風情。——驢友

菲斯是摩洛哥第二大城，位於北部肥沃的菲斯河流域，「菲斯」在阿拉伯語中有「肥美土地」之意。由於東部北非去大西洋海岸、撒哈拉去地中海的貿易通道都必須經過菲斯，它便成了曾經的權力密集中心。還由於菲斯城座落在半山腰上，俯瞰廣闊的平原，所以它又是個戰略重鎮。

菲斯是北非史上的第一個伊斯蘭教城市，是摩洛哥王朝的第一座皇城。老城內的卡魯因大學被喻為世界第一所大學，是阿拉伯世界最著名的大學。在卡薩布蘭卡的哈桑二世清真寺之前，菲斯的卡魯因清真寺曾經貴為北非最大。出自菲斯的知識精英、商人、工藝人，以及其他各種人才遍佈全國，高居摩洛哥之首。菲斯人對自己城市的自豪、自信和自我滿足也是全國第一。如此多的「第一」，使菲斯充滿神奇和魅力。

菲斯老城是「世界文化遺產」保護地區，也是世界重點文物緊急搶救項目。美國著名雜誌《旅行者》（Traveler）曾評它為全球最浪漫的十大城市之一。菲斯甚至擁有「西邊的麥加」之稱，因為它位於阿拉伯世界的最西邊；它還與利比亞的昔蘭尼（Cyrene）分享有「非洲的雅典」之美譽，因為昔蘭尼是北非一帶最古老、最重要的五個希臘風格的城市中的一個，而菲斯也是

該地區最古老、最重要城市之一。

文化大城精神之都

　　菲斯是個文化大城，是摩洛哥的民族精神所在地。它的文化宗教哲學根基深厚，是摩洛哥的宗教聖地與文化中心。有一句阿拉伯格言反映了它在伊斯蘭世界的崇高地位：學識誕生於麥迪那，保留於麥加，研磨於埃及，篩選於菲斯。菲斯是阿拉伯文明的精雕細刻之地。

　　菲斯建立於西元 789 年，創立者是成立摩洛哥第一個國家的伊德里斯一世。808 年它成為伊德里斯王國的首都，在後來的阿爾莫拉維德王朝進入黃金時期，其後的阿蒙哈德王朝又將城市進一步擴展，在 1170 至 1180 年間甚至成了世界上最大的城市，人口高達 20 萬。菲斯在馬里尼德時代達到鼎盛，並於 1250 年重新成為首都，直至 1925 年。

　　菲斯古城曾經走出了一批又一批的知識精英和宗教領袖。最突出的是教皇西爾維斯特二世（Pope Sylvester II：999-1003），他年輕時曾在此學習，並將阿拉伯數字帶回歐洲。其他重要人物還有：猶太哲學家和醫生邁蒙尼德（Maimonides），伊本・阿拉比（Ibn Arabi）伊本・喀導（Ibn Khaldoun），數學家伊本・埃爾版納（Ibn el Banna）等，他們都在阿拉伯和伊斯蘭世界負有盛名。

　　菲斯分為老城區和新市區。老城是世界現存最大規模的中世紀風格城市之一，17 公里長的中世紀皇城城牆基本完好，城牆內阿拉伯色彩濃郁，是中世紀古城的經典。它在阿拉伯世界可與馬拉喀什、開羅和大馬士革等城市媲美。

　　菲斯老城以 6,000（！）多個街道小巷交錯密佈而聞名，即使是當地人對這些巷弄也未必全都熟悉。這些狹窄無比的迷宮巷道有一種特殊的風情與魅力，吸引著世界各地的遊人，絡繹不絕地來到這裡以「迷失在菲斯古城」而樂此不彼。在昏暗的街道和掛著簾子的店鋪裡，在各種染色、陶瓷、銅盤、地毯、皮革和食品加工等傳統手工業品的環繞下，在熙熙攘攘的披袍裹頭的阿拉伯與柏柏爾人群中，在門框矮小泥牆剝落的簡陋民房旁，人們會感覺到時代的穿越。

據說菲斯人和大部分摩洛哥人不一樣，通常不會一開始就讓你覺得那麼淳樸友好，至少和農村山裡以及沙漠來的人不同。有一種解釋是：這裡的街巷更窄小；這裡的隱私更神秘；這裡的歷史更複雜；這裡的居民更流動，因而造就了這裡的人們更「詭異」，哈哈。無論如何，這裡的一切更顯得饒有趣味值得探索。

菲斯 vs 馬拉喀什

人們經常喜歡將北方的菲斯和南方的馬拉喀什作比較，因為它們有太多的相像之處。比如：同樣三度成為三個王國的首都；同樣的中世紀傳奇；同樣保存完好的古城牆；同樣有一個傳統老城加上一個法國殖民時代所建的現代化新區；同樣擁有無數精美的清真寺和傳統集市；同樣都是世界遊客的大愛。

然而菲斯和馬拉喀什是不同的。馬拉喀什是旅遊大城，而菲斯則是文化大城。菲斯的老城更久遠古老，王朝皇城建得更早（早 250 多年），老城建在山腰更顯壯觀秀麗，文化宗教傳統更加濃厚凝重，老城裡的街巷也更多更窄。馬拉喀什老城還是可以有汽車進出的，而菲斯老城裡開車則是連「門都沒有」。

事實上這兩個「對手」城市既聯繫又爭鬥，一直是摩洛哥多個世紀來的統治軸心。甚至在當代，以首都拉巴特和卡薩布蘭卡為中心的沿海一帶，已經在人口政治經濟等方面主導了摩洛哥，然而藍皇城菲斯和紅皇城馬拉喀什卻依然光彩奪目。尤其是菲斯作為摩洛哥的「精神之都」，地位始終屹立不搖。

不怕迷失在菲斯老城

菲斯的精華集中在老城，新區只有一個皇宮比較突出。菲斯老城被認為是世界上最大的城市步行區和無車區之一。老城集中的著名景點有：全世界歷史最悠久的的卡魯因大學（University of Al-Quaraouiyine）及其清真寺（Al-Quaraouiyine Mosquee），伊斯蘭文化藝術科學輝煌代表作艾哈邁德清真寺（Mosque Sidi Ahmed Tijani），菲斯創建者伊德里斯二世的陵墓（Shrine of Moulay Idriss II），菲斯最宏大的欣安尼亞神學院（Medersa Bou Inania），建築瑰寶香料神學院（Medersa El Attarine），當然還有分割新老菲斯的著名

城門布希拉德大門（Bab Boujloud）。

通常旅遊指南都建議使用專業導遊才不至於迷失在菲斯老城（六千條大街小巷吶！）。只有「旅行維基百科」（WikiTravel）說：No，不一定。它列出的理由和方法使我相信，自己可以走遍我要看的景點而不會迷路。具體的理由與方法就是：

第一，老城的第一主街 Talaa Kebira 走向分明：從老城入口處的布希拉德大門開始，由西向東（北）延伸，直到卡魯因清真寺，那裡恰好是老城中心；

第二，老城的第二大街 Talaa Sghira 起點也相同，就在主街南面隔一條街，幾乎平行，這有利於找回主街；

第三，幾乎所有的主要景點都在主街沿途，或者離開主街不遠的小巷裡；

第四，帶上指南針；

第五，萬一迷路，記住朝下坡方向走，遲早會遇到老城門或城牆，就不難走出迷宮；

第六，老城街巷的牆上有當局標配的旅遊指路標記，可以留心尋找。不過這類記號通常比較難看清楚。

最後，我就憑著一張極為簡單的小圖，加上當地群眾的幫助，完成了「不可能的任務」。所以，如果你是一個人，如果你愛自由自在，那就自己去逛吧。不必迷信導遊，不怕迷失在菲斯老城，就按照自己的節奏，去徘徊，去「迷路」，去體會和領略那裡真正的中世紀古韻民風。

這就是我用來「導遊」自己和指圖問路的老城小圖。當然，真正的實現需要當地人的幫助，小費「贊助」也是必不可少的，哈哈。

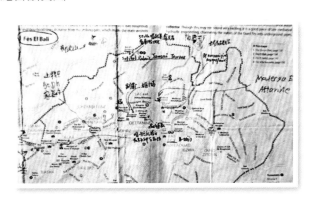

➤ 一張簡圖闖老城。

▲ 菲斯火車站。

召喚計程車的經驗之談

我在菲斯逗留了三天三夜,其中有一天來回包車去了 100 多公里外的梅克內斯。

我坐火車到達菲斯的第一印象就是:它的火車站在外型風格、新舊程度等各方面都與馬拉喀什的相近,典型的中世紀北非老城門結構和濃郁的伊斯蘭裝飾風格。

火車站和我的旅館都在新區。新區之內的交通,以計程車最為方便。當地人招喚計程車,甚至可以「同線分享」,也就是儘管車裡已經載客,只要順路、尚有空位,司機便會允許加人搭乘,為的是多做生意。

我在摩洛哥期間,多次有當地人問起我對他們國家的觀感,我通常都會說:Great!(很棒),然後再加一句:計程車司機例外。他們聽了通常會笑出聲來,甚至會點點頭。或者會再解釋一句:他們不是本地人。

摩洛哥的計程車司機，是最對外開放、最見多識廣的一群，也是社會上最「機巧」的一族，這一點與其他阿拉伯國家相似。眾多的旅遊資料都告誡過遊客要小心，上計程車前要談好價錢，或者堅持採用計程器（「Khdm I-Koontoor」），但是我在卡薩布蘭卡初來乍到時，還是幾乎被「忽悠」了。我後來的對策，就是事先問好當地人，去某些特定地點的一般價格，然後將地名以及要價都寫在紙上，叫車時直接展示給司機看，不用開口討價還價。再後來，我乾脆請當地人用阿拉伯文寫上目的地與開價，車來了根本不必說話就能搞定。司機一看阿拉伯文，就知道我有「群眾基礎」，老實極了，哈哈。

　　新區內部以及與老城區之間的計程車，通常是 10Dh 固定價，十分便捷。

布希拉德大門分割新老菲斯

　　去菲斯老城，叫計程車時說「老城」或「布希拉德大門」都可以。司機看到外國人隨身不帶行李的，多半就知道你的目的地了，因為布希拉德大門是遊覽老城的起點。老城門前會有很多帶執照的導遊，但我沒有採用他們的服務，決心試一次「迷失在菲斯老城」。

➤ 布希拉德大門正面，
　著名的「菲斯藍」。

布希拉德大門是摩洛哥最出名的城門之一，全國排名第二，僅次於梅克內斯的曼蘇爾大門（Bab Mensor）。它其實很「年輕」，建於 1913 年。整體結構驚人地漂亮。大門正面與反面的顏色有微妙不同。正面是著名的「菲斯藍」，因為「藍」是菲斯的代表色。通過城門朝裡看到的尖塔和房屋，是菲斯的縮影和導引。

布希拉德大門的背面顏色變成了「阿拉伯綠」，「綠」是阿拉伯的代表色。大門正反面的「藍」與「綠」如果不細看，還未必能夠區分開來。

其實不光是城門，連周圍的房屋也大多建於 20 世紀，所以它很容易誤導人，因為它看上去老舊得多。

布希拉德大門歷史上曾用於防守，但隨著重武器的出現，它喪失了防禦功效，便開始被人們作為一個美麗的建築來欣賞，並由此提高了城市的聲望。

大門的設計用大小共三個對稱的馬蹄形拱門兼顧了美觀與實用，周圍裝飾著幾何圖形、書法字符、花卉草木的隔行多彩琉璃瓦，典型的伊斯蘭風，十分有氣勢。

▼ 布希拉德大門背面，著名的「阿拉伯綠」。

菲斯老城主大街

進入布希拉德大門後，有一個不大不小的場地，約 50 米長。兩旁的小商小店小販，以飯館為多。假如你一直朝前走而不拐彎，眼前那條街道比較寬，很容易誤以為就是主大街，其實不是。那是第二大街 Talaa Sghira。它的起點處較寬，後來的寬度就比不上主大街了。

主大街的入口處應該在進大門往前走一小段路後的第一個左拐處。它乍一看因為陰暗狹窄，既不顯眼也不好找。但走上主街後不久，你就會發現街面變寬多了。

➤ 主大街的入口處比較隱蔽狹小。
➤ 走上主街後不久街面變寬了。

我那天去得早，主街兩旁店鋪尚未開門，顯得清靜。只有少數幾家正在忙乎著要開張。清晨寧靜的菲斯老城，是另一番風情。

▲ 老城裡的雜貨食品小鋪開張了。

▲ 街上叫賣的雞。

▲ 自食其力的木匠小鋪，自得其樂的日子挺好。

▲ 雜貨家什小鋪，店主側面看像位中國老農。

▲ 陶瓷小鋪排列佈置得井井有條。

▲ 老城比較寬敞的街面。

▲ 老城街巷上有遮陽頂棚，卻不擋光。

▲ 老城沿途有點像中國紅木式的店面。

老城裡有個別地方看上去的寬度是可以通過機動車的，尤其是機動摩托。但是街面很快就會再次變窄，所以行車走不遠，也是不允許的。

菲斯皮革製品享譽世界

遊客在小巷裡穿行，常會有人上前主動介紹各種景點或產品，鼓動遊客去參觀一些作坊，他們通常是廠家雇傭的「導引」。我知道菲斯皮革製品名氣很大，所以就去參觀了一家。

「導引員」將我帶進一個昏暗狹窄的門洞口，踩著嘰嘰嘎嘎作響的樓梯「盤旋」而上，迎上來的一位和他交接了幾句後，他就離開了。接待我的是老闆。圖中就是老闆正在工廠的陳列室向我介紹和推銷產品。

摩洛哥的皮革加工歷史悠久，經驗老到。雖然加工處理方法依然手工原始，品質卻是一流，在世界上聲譽極佳。

▲ 當地最大的皮革廠 Tannerie Chouara。

▲ 皮革廠的露天加工處理場地。

伊斯蘭文明代表艾哈邁德清真寺

　　沿著主大街走到約一半路程的地方，就到了老城的中心。菲斯中世紀的遺址古蹟、王牌精銳開始出現。

　　這是個值得四下轉悠耐心品味的地方。很多著名景點相距不遠，但是容易迷路。幸運的是，有需求就有供應，常會有不止一人上前要來為你帶路，他們「賺」的就是小費，很多時候即使你說了「No, thanks.」他／她們依舊會緊跟不捨。如果不想被死纏爛打，其實問路的最佳對象，是閑坐在店面屋前的那種人，他們通常不會索要回報。

　　老城中心的第一個精彩是艾哈邁德清真寺。

　　它是伊斯蘭文化藝術科學對世界人類貢獻的輝煌代表作之一，建於 18 世紀。可惜沒有對外開放。

◀ 艾哈邁德清真寺。

菲斯創建者伊德里斯二世神社

　　伊德里斯二世是菲斯老城的創建者，他是摩洛哥國家創始人伊德里斯一世的兒子，在 807-828 年期間統治摩洛哥，並且繼父親之後，在 810 年再次改建了菲斯。人們視之為菲斯的守護神。

　　伊德里斯二世的屍體是在他死了近 5 百年後發現的。當地人發現了一個沒有腐爛的屍體，相信就是他的本尊，於是開始建立這個陵墓。最初的建築出現在馬里尼德朝代，以後的幾百年裡不斷維護、修改，以至於面目全非。到了 18 世紀的伊斯梅爾年代，他用阿拉古特王朝風格完全取代了原有的樣式。在後來參觀位於梅克內斯的伊斯梅爾自己的陵墓時，我們將會看到二者的相似之處。

　　菲斯當地人和外地人均十分崇敬伊德里斯二世陵墓，是信徒們來到此城必須朝拜的地方，因為人們相信它會帶來好運。非穆斯林不得進入內廳，但可以「一窺」裡面美麗的雕刻和彩繪的門廊。

　　從北山坡遠眺老城時，能看到它高聳的綠色宣禮塔，非常突出醒目。

▲ 伊德里斯二世神社內廳一景。

▲ 伊德里斯二世神社裡面的雕刻及裝飾精美。

建築瑰寶香料神學院

香料神學院建於馬里尼德王朝的 1323 至 1325 年間，由當時的蘇丹烏斯曼二世（Abu Sa'id Uthman II）下令所建。它靠近卡魯因大學，也離香料香水集市不遠，所以習慣上稱為香料神學院：「The Medersa of the Spice Sellers」。

學院學生學習科學、法律、藝術，也接受「精神」方面的教育。院內設施包括教學大廳、學生宿舍，以及中央庭院側面的小清真寺。庭院四周裝飾著精緻的石膏雪松瓷磚和大理石柱子，十分講究。

➤ 香料神學院內景。
▼ 香料神學院內的噴泉小池。

▲ 香料神學院側廊的裝飾吊燈。
➤ 香料神學院建築特色。

　　院內建築設計的亮點，是其瓷磚壁畫以書法形式組成的「阿拉」字樣，位於小窗戶之下。藝術家採用的是一種稱為 Taqshir 的技術，即瓷磚表面脫釉，以便在其表面加上文字或其他裝飾圖案。在香料神學院之前，這種技術僅用在黑釉瓷磚上面，而且去釉後留下的是一種紅陶（Terracotta）基底，並不好。這裡的瓷磚壁畫所開創的脫釉技術，對氣候條件更適應，老化過程更自然。

　　很多人認為建於其後的欣安尼亞神學院是菲斯最宏大的學校，但也有不少人覺得，香料神學院不缺欣安尼亞神學院的美麗，卻顯得更為安靜與貼心。

　　摩洛哥歷史上有好幾個蘇丹熱衷於建立宗教學校，這位烏斯曼二世就是其中之一。香料神學院被稱為最驚人的建築瑰寶之一，是「建築的奇蹟之一」。本景點是來菲斯的必看。

卡魯因大學歷史悠久

　　卡魯因大學根據聯合國教科文組織和吉尼斯世界紀錄，是世界上最古老的、一直在運行、並且第一個授予學位的教育機構。它建立於 859 年，創立者法蒂瑪‧菲利（Fatima al-Fihri）是位婦女。它很快成為伊斯蘭世界的主導性精神與教育的一個中心，摩洛哥國內外的穆斯林，包括來自北非甚至遠至中亞的，都紛紛慕名而來。

　　卡魯因大學主要教授古典阿拉伯語及語言學，以及馬利基（Maliki）法律。學生主要是 13 至 30 歲的年輕人，要求必須是穆斯林並能全面記住古蘭經。頒發的學位包括高中及大學本科。教學方法是傳統的、以謝赫（Sheikh）為中心的討論式。

　　「謝赫」在阿拉伯語中是一個榮譽稱號，通常是指某一種「領袖」和「統治者」一類的人物。授課時，學生以半圓圍坐於一名謝赫，謝赫指示閱讀特定文本、學習特定語法，學生提出問題，謝赫解釋難點。

▲ 卡魯因大學兼清真寺。

卡魯因大學在伊斯蘭世界的崇高聲譽，不僅因為其古老，而且因為其安達盧西亞背景。「安達盧西亞」指的是中世紀的伊斯蘭高峰期間，包含西班牙與葡萄牙的大部分土地與文化的「穆斯林西班牙」或「伊斯蘭伊比利亞」的那片土地與文化領地。人們相信摩洛哥的謝赫與學者們，是安達盧西亞宗教與學術遺產的最佳繼承人。

卡魯因大學其實也對女性開放招生。1963 年它被納入摩洛哥的現代國立大學系統。

卡魯因大學屬於伊斯蘭的遜尼派。它也教授文學、神學和哲學，甚至還有非伊斯蘭科目，例如法語、英語等。

所教授的「馬利基法律」，屬於伊斯蘭四大宗教法學派中的一個，由馬利克·伊本·阿納斯（Malik ibn Anas）在 8 世紀創立。它的最大不同，在於不但以古蘭經及其他聖訓為依據，也認為應該接納（穆斯林）人們的共識作為伊斯蘭法律的一個有效來源。

卡魯因大學本身也是個清真寺，因此非伊斯蘭教徒不能入內。其白色宣禮塔從城外北山坡上也可以看見。

欣安尼亞神學院菲斯最佳

欣安尼亞神學院同樣既是個學校，也是個清真寺，建於 1351 至 1356 年間，是馬里尼德年代建築的一個代表作。據史料記載，建造這個學校的建議來自卡魯因清真寺的宗教領袖，這個建議不但成就了神學院的「大清真寺」（Grand Mosque）崇高地位，而且成為了歷史上馬里尼德王朝的最後一座學校。

神學院名字「Medersa Bou Inania」中的「Bou Inania」，來自建立它的該王朝蘇丹 Abou Inan（阿布·伊南）名字的前一部分。

欣安尼亞神學院在 18 世紀有過裝修，20 世紀進行了整體改建，在所用結構的承載力以及石膏木材等材料的使用，還有瓷磚裝飾、幾何圖案等方面均有重大改進。

▲ 欣安尼亞回教神學院大門。

▲ 欣安尼亞回教神學院主庭院。

在學校主要入口的對面，設計安排有洗手房，供信徒在祈禱前先行洗滌自己的四肢與臉部。

欣安尼亞神學院是摩洛哥少有的允許非穆斯林進入訪問的宗教場所，也是唯一有尖塔（宣禮塔）的學校，十分難得。假如遊客的時間有限只能去一個這類神學院，導遊業者通常會建議你去欣安尼亞神學院，因為它是最為宏大的。

▲ 欣安尼亞回教神學院主庭院旁的側廊。

◀ 洗手房旁邊的噴泉小池。

倘佯在菲斯古城

在結束老城中心區的密集參觀之後，我繼續向前向東，時而也轉身拐入兩旁的曲徑窄巷。在菲斯老城裡自由自在漫無目的地「掃街」，是一種另類的新鮮體驗。

閒逛中看到了一個特色建築，在詢問中知道房屋主人恰好就在門口。我與他聊了幾句，很想進門一窺風采，主人說若想上樓，必需消費，原來頂層是個餐館。他沒有說該建築是何來頭有何講究。

▲ 沙龍博物館（Salon Museum）。正在維修。

➤ 主街上的一個頗有特色的建築。

▼ 從門口朝裡張望看到的內景。

我在對面路邊就地而坐，小憩了十來分鐘。街邊兩個年輕小夥子都開著小鋪，我便和他們閒聊起來。

　　這是兩個好「哥們」。下圖右那個小帥哥已有女朋友了。

▲ 和我閒聊的一個小夥子是中學生，
　這是他開的小鋪。

▲ 另一個小夥子也是中學生，也開著小鋪。

▶ 做陶瓷活的年輕工
　匠，正在雕鑿阿拉
　伯文字和圖案。

▲ 小巷裡的小攤小商。

➤ 一所小學校。

▲ 布希拉德大門近旁的另一個老城門，叫 Bab Mahrouk。

▲ 城門外的廣場上，是個商販小攤集中地。

馬里尼德墓地遺址和陶瓷廠

下午我走出菲斯老城，在布希拉德大門外午餐後休整了一下，正在考慮下一步行動時，一位導遊上前搭訕。他知道我看完了老城，便建議我去城外轉轉。這也正是我計畫中的下一步，而且我知道這無需預訂。

我和他最後商定的是：150Dh 帶我一人轉南坡，北坡，馬里尼德墓地，陶瓷工廠，皇宮，一公園，猶太區，猶太墓地等。約三個鐘頭。

馬里尼德王朝時期是個大興土木大建學校和清真寺的年代。這些墳墓非常巨大，裡面包含的是皇室成員或其他重要官員。雖為廢墟，若仔細辨認尋找，仍能觀察到一些原始銘文。

▲ 馬里尼德墓地遺址，停著的是我導遊的車。

▲ 馬里尼德墓地遺址之二。

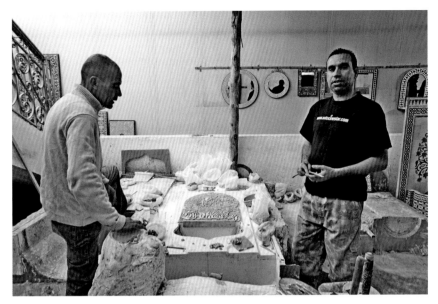

▲ 菲斯老城北邊的陶瓷廠 Nije Ceramics 的工場和工匠們。

▲ 陶瓷廠的展品室。

南北山坡遙望菲斯老城

城外遊的觀賞重點，是老城南北山坡行。在老城外的南、北山坡俯瞰菲斯是一大享受，是所有旅遊指南極力推薦的，它的重要性不亞於置身在老城之中。在遼闊無垠的藍天白雲之下，遠眺不朽的古老，俯視人間的蟻動，你會感到一種歷史的稍縱即逝，以及生命的渺小無奈。

這個旅館據說是曾經的明星級豪華傳奇旅館，現已被超越。

➤ 北山坡看到的著名旅館 Bale Gim Hotel。

▼ 從南山坡遠眺菲斯老城。

右圖左邊白色宣禮塔屬於卡魯因清真寺，右邊綠色宣禮塔屬於伊德里斯二
世神社。

▲ 北山坡遠眺菲斯，半山腰上的老城有戰略意義。　▲ 北山坡遠眺菲斯老城中心。

菲斯新區走馬觀花

城外遊最後回到菲斯新區。當地導遊設計選擇的幾個觀賞點，均比較平淡但也值得一看：大眾休閒公園，猶太居民區，還有一個公墓。那是瞭解市井小民日常生活的切入點。

說起猶太人，其實他們是菲斯最早的定居者之一，那是 8 世紀末的事。菲斯當時迅速發展成文化和商業中心，離不開猶太社區的影響力。猶太人在西班牙和歐洲的人脉，猶太人的商業技能，猶太人好學勤奮會鑽營等等，都在當時受到尊敬。但是歷史上猶太人在摩洛哥和菲斯的遭遇，也是過山車般地起伏飄搖和極不確定，長期處在自由繁榮和無情迫害的交替之中。他們曾被蘇丹任命爲總理來幫助梳理公共財政，但也曾在菲斯的黃金年代三次被驅逐和屠殺。很多敏感的生活事件，隨時都可能引發難以想像的後果。

例如據傳說記載，860 年的菲斯統治者迷戀上一個年輕的猶太女子，爲了跟蹤和追求她，他强行進入了猶太區她正在那裏的一個公共浴場。雖然貴爲最

▲ 老城西面的公共花園（Jnane Sbil Park），免費。

▲ 菲斯新區街景。

▲ 開車經過舊日的猶太區。

▲ 猶太人公墓。

▲ 靠近菲斯皇家宮殿的一段新建城牆。

有權勢者，猶太社區還是憤怒地爆發了暴力起義，而最終結果往往是進一步引發穆斯林對猶太人的仇恨與迫害。

伊德里斯一世在 789 年創建摩洛哥第一個國家時，他的目標是把所有的臣民歸化伊斯蘭教，但他同時對猶太人還算包容。他的兒子和繼承者伊德裏斯二世真正創立菲斯城後，對猶太人更為寬容，開啟了一個漫長的繁榮期。菲斯的猶太社區黃金時代持續了近三百年。

十六世紀後期菲斯在政治和經濟上的重要性下降，許多富有的猶太人離開了菲斯。從那以後，摩洛哥的猶太人大多集中在卡薩布蘭卡，在菲斯的不多了。

據導遊介紹，以色列建國後不少猶太人出走，但也有不少留下，甚至皈依伊斯蘭教。摩洛哥各民族與宗教相對說來相安事少，與建國之父伊德里斯一世的寬容和包容有關。據說他只討厭羅馬人：No business with Rome。

進入公墓要收費。我問導遊：這是人們憑弔的地方，也收錢？他說：人們想方設法賺點生活費吧。

皇家宮殿

新區的重頭戲是皇家宮殿。

皇家宮殿位於新區靠近老城，在布什拉德大門西（南）面不遠處。它占地約 80 公頃，氣勢宏大，是摩洛哥規模最大也是歷史最悠久的宮殿之一，又稱"Dar El Makhzen"。

宮殿始建於 14 世紀，是阿拉古特王朝第二位統治者穆萊·伊斯梅爾的前宮殿。當時摩洛哥王國的首都是菲斯西南不到一百公里處的梅克內斯，所以這個住所相當於他的「行宮」。伊斯梅爾是摩洛哥歷史上最偉大的統治者之一，素有「摩洛哥路易十四」的綽號。這個稱號其實有褒也有貶，因爲這位偉大的暴君是位「瘋子」（crazy），他自己也懂藝術與設計並喜歡實踐，但是他偏愛稀奇古怪的建築，這座宮殿就非常有其風格的代表性。

例如，這座皇家宮殿的外牆不僅高大而且有雙層緊裹，而不是通常的一道牆；院裏面的一條過道竟然長達 2 公里，而沒有一扇窗戶，被稱爲「盲道」，等等。當年爲了建造這座宮殿，伊斯梅爾不惜拆除摩洛哥第一個獨立王朝的第一個首都、同時也是古羅馬曾經輝煌過的北非前沿城市瓦盧比利斯，將那裏的巨石不遠數十（30）公里拉來此地，瓦盧比利斯後來也成了廢墟遺址。而菲斯的這座皇宮，成了 20 世紀摩洛哥的最後一座宮闕。

這座富麗堂皇的建築群不但曾經是蘇丹及其衛兵和僕人的居所，也是中央政府開展業務的地方。它有時會對公衆開放，但摩洛哥國王在訪問菲斯時仍然會使用它。

➤ 位於菲斯新區的皇宮側面側門。

▲ 位於新區的皇宮。

這座皇宮曾被後人不斷修改，例如當代國王穆罕默德六世就重新裝修過，所以現在已經大不相同。它的壯觀雄偉，被專家們贊爲「現代修復的令人驚嘆的典範」。皇宮對外開放時間很少，但是其美麗精細的外部外觀，已經足夠驚艷。

皇宮的正面外觀設計簡約大方又精美艷麗。阿拉伯綠的框架配以菲斯藍，對稱的馬蹄型拱門配以金色的（其實是黃銅）宮門。周圍配以一種稱爲 "zellij" 的裝飾，以及精雕細刻的雪松木，整體風格與菲斯其他主要建築如火車站、老城門等均十分一致。"zellij" 是一種馬賽克瓷磚，在單獨鑿刻成幾何形狀後鑲嵌入石膏基座而成，是伊斯蘭藝術形式的一種。

值得一提的是，皇宮正面的大小門居然多達 7 個。這是因爲 "7" 代表了一個星期有 7 天，也象徵著摩洛哥的君主制度有 7 個不同的層次。

讓我們迷失在菲斯古城

中世紀在地中海的南岸從西到東，留下了像馬拉喀什、菲斯、開羅、耶路撒冷、大馬士革那樣的座座傳奇古城。菲斯作為其中的傑出代表，不僅完整地保留了狹街窄巷、迷宮古路的當年風貌，而且這裡居民的生活習慣改變不大，迄今依舊散發著曲徑通幽、寧靜悠閒的生機韻律。徘徊在千年的悠悠小巷之中，就像走進了歷史的時光隧道；迷失在菲斯古城之時，更能開啟我們對千年夢幻的無限遐想和懷古幽思。

磨損的石路、狹窄的小巷；斑駁的泥牆、舊時的門窗；亮麗的紅色、悠閒的婦人；得得的蹄聲、遠去的驢馬；中世紀的傳奇，幾千年的古老，姍姍而來，緩緩遠去……

▲ 徘徊在千年的曲徑小巷，迷失在中世紀的菲斯老城。

▲▶ 徘徊在中世紀的菲斯老城，迷失在千年的曲徑小巷。

Chapter

5

皇氣沖天大梅克內斯

5

皇氣沖天大梅克內斯

梅克內斯本身是個不大的北方城市。但是在它方圓三十公里的「大」梅克內斯 (Metropolitan) 圈子內，卻是歷史上皇氣沖天的龍鳳呈祥之地。

首先，梅克內斯是個皇城，而且是摩洛哥最年輕的皇城。因為年輕，它保留了更多的皇家氣派。第二，摩洛哥第一個王朝的創建人，就埋葬在離梅克內斯 25 公里處以他命名的聖城伊德里斯鎮，它至今依然是摩洛哥人的朝聖之地。第三，當年羅馬帝國在北非的前沿城市瓦盧比利斯也在梅克內斯 30 公里處，8 世紀伊德里斯王朝曾在此建都，後來才遷走。該遺址保留並展現了當年的泱泱帝國皇氣。最後一點，青皇城梅克內斯處於藍皇城菲斯與白皇城拉巴特之間，一線排開縱橫百里的肥碩寶地之上，處處浸瀅著「皇家瑞氣」。

我計畫去摩洛哥時想到過大梅克內斯，但時間不夠了。結果沒料到遊菲斯老城提前完成，菲斯新區也很快遊覽完畢。在導遊送我回旅館的路上，我問他還有什麼好景點我可以明天用。他提到了梅克內斯的「皇三角」：羅馬遺址，聖城伊德里斯，梅克內斯。

我當時在菲斯。最後計畫離開摩洛哥時要從卡薩布蘭卡走，所以返回途中需經梅克內斯。我知道順路去那裡更合理，但我無法那樣做，因為我沒做任何梅克內斯的預先計畫，那裡的火車時刻也不熟。考慮到最後趕飛機在時間上耽擱不起，旅館改動也麻煩，我決定就從菲斯直接去大梅克內斯。

導遊出示價目表，他說常規價是 1100Dh，他願意給我優惠 900Dh，一天來回包午餐。我同意。約好第二天一早來旅館旁的咖啡店接我。他要我交押金 150Dh，我說不行：萬一你不來，我何處去找你？他想想也對。回旅館後我問了在門口推銷各種旅遊節目的一位代理：去大梅克內斯的「皇三角」遊，多少錢？他說：司機管送到那幾個地方，不管講解和門票，更無午餐，1000Dh。我有數了。

第二天是我在摩洛哥的最後一個完整的日子，整天時間花在了大梅克內斯。具體路線為：菲斯 → 羅馬遺址 → 聖城伊德里斯 → 梅克內斯 → 菲斯。一天下來，我慶幸自己終究沒有錯過大梅克內斯，否則我會把腸子悔青。

羅馬遺址瓦盧比利斯

我的第一站是羅馬遺址瓦盧比利斯，它是梅克內斯最著名的景點之一。位於一個幾乎看不出坡度的廣闊小山丘地上。那裡是一片土地肥沃的農業區。

西元前 3 世紀開始那裡就有居民點，還曾是一個柏柏爾部落王國的古都。西元 44 年被羅馬併吞，成為羅馬帝國在非洲這個地區的一個重要前哨站，並開始迅猛發展。2 世紀時一些公共建築，比如大教堂、大寺廟、凱旋門等紛紛興起，很多建築包括名宅都鋪上了豪華的大型馬賽克瓷磚地板。2 世紀末瓦盧比利斯達到高峰，人口多達 2 萬，居民主要是羅馬化了的柏柏爾人，成為當年馬格裡布（Maghreb）地區最富有的小城市之一。值得一提的是，「馬格裡布」是一個相當遼闊的地區概念，它包括了埃及西部、利比亞、阿爾及利亞、突尼斯，以及摩洛哥的大部分。

「瓦盧比利斯」這個名字的來源不詳，一種說法是源自柏柏爾語的「夾竹桃」，它沿附近的河道兩側生長，也有說它的拉丁文有「早晨的榮耀」之意。

瓦盧比利斯在西元 285 年重新落入當地部落手中。由於地處遙遠的邊陲，加之地形的易攻難守，羅馬帝國決定放棄它，再也沒有回來。從那以後它先是變成拉丁基督教徒的社區，然後是早期伊斯蘭教徒的安置地。到了 8 世紀，伊斯蘭先知穆罕默德的直系後裔伊德里斯一世，在麥加附近捲入當地派系間

爭鬥的「法赫赫之戰」（Fakhkh）失敗，逃跑來此，並於 788 年建立了伊德里斯王朝，瓦盧比利斯成了摩洛哥第一個獨立王朝的第一個首都。

　　伊德里斯一世在三年的時間裡征服了摩洛哥北部的大部分地區，並且創立了一個菲斯城。他在 791 年被暗殺後，繼承人伊德里斯二世於 808 年將首都移至菲斯，大部分瓦盧比利斯人口也被轉移到距離約 5 公里外的一個新鎮，那就是後來伊德里斯一世的陵墓所在地：聖城伊德里斯。盧比利斯在歷史上的政治角色從此正式謝幕。

︿ 進入大梅克內斯地區。

21 世紀的考古挖掘，在瓦盧比利斯的河岸邊發現了一個大院遺址，據分析有可能是伊德里斯一世當年來此立穩腳根，並開始「發跡」的總部所在地。

　　那天導遊驅車帶我進入大梅克內斯地區之後，只見沿途鬱鬱蔥蔥、一片肥田沃土，到處種植著橄欖樹，那是這一地區繁榮發達的關鍵。導遊說：羅馬人真會挑地方，這一帶最早充分的開發和蓬勃發展，就是始於羅馬人。事實上，不光是瓦盧比利斯這個名字含有「榮耀」的意思，大梅克內斯這一帶的肥田沃土都有「早晨的榮耀」之美譽。

汽車駛近瓦盧比利斯遺址時，只見遠處略有小坡的一片開闊地之上，隱隱約約轟立著一些科林斯式（Corinthian）的石柱，那就是曾經的羅馬時代建築的最好標誌。

　　瓦盧比利斯遺址現在還只是部分挖掘，從已經發現的遺蹟便可看出當年那個城市的高大雄偉。它有保存完好的凱旋門、大劇場的白石圓柱、豪宅地

▼ 羅馬遺址，殘存的科林斯式結構。

板鑲嵌畫等。甚至原先的街道、住房、油房、公共浴室、市場等都仍依稀可辨。其中挖掘出土的青銅頭像大理石人頭像（不在現場），製作精巧，保留完整，令人咋舌。

▲ 這裡以前是個大教堂（Basilica），這是前庭門廊。

▲ 羅馬遺址，曾經是一個富家的豪宅。

▲ 羅馬遺址，馬賽克地板大多保存完好。

▲ 羅馬遺址，美人魚圖案依然可辯。

▲ 羅馬遺址，人物動物栩栩如生。

從東往西看瓦盧比利斯遺址，中間最醒目的除了大教堂，就是大教堂南邊的卡比托利歐神廟（Capitoline Temple）。那是一個四柱式的古老紀念碑，供奉著三位一體的羅馬神朱諾（Juno），木星（Jupiter）和米納娃（Minerva），紀念的是羅馬皇帝麥克羅尼斯（Macrinus）。據說當年的「議會」（Council）作出宣戰的決定，地點就是在這個神廟之下。戰爭結束後的戰利品也是回到這個地方收集集中的。

　　瓦盧比利斯在 18 世紀被地震破壞。後來的統治者伊斯梅爾急於用這裡的巨石去建造梅克內斯，瓦盧比利斯從此開始衰敗、日益荒蕪，最終被時光封存。

▲ 羅馬遺址，曾經的卡比托利歐神廟。

這個古羅馬遺址直到 19 世紀後期才被確認，現在它是 UNESCO 世界文化遺產古蹟，被列為「保存格外良好的帝國邊緣的大型羅馬殖民城鎮的典範」，評價相當之高。

　　我在這片遺址上倘佯。眼前景象荒蕪蒼涼，當年幾曾富貴奢華。想像幾千年前的一切，灰飛煙滅彈指一揮間，你更能感受到，人類的「歷史感」並不遙遠。

▶ 羅馬遺址，卡拉卡拉拱門
　（Arch of Caracalla）。
　站在歷史的門口。

▼ 羅馬遺址：斷牆殘瓦遺千
　年，不見當年羅馬王。

▲ 遙望聖城伊德里斯鎮，淡淡雲苦霧罩，陣陣仙氣逼人。

聖城伊德里斯鎮

　　第二站是聖城穆伊德里斯，它就在羅馬遺址的 5 公里外，肉眼都能看到。這是一個小城鎮，分佈在兩座小山頭，卻是摩洛哥人民心中的聖城。伊德里斯一世於 789 年帶著他的伊斯蘭教來到瓦盧比利斯和這一帶，開啟了摩洛哥史上第一個獨立國家伊德里斯王朝，也建立了以他命名的新鎮。最終死後也埋葬在了這個地方。

　　這個小鎮佈局緊湊，山坡建築錯落有致。鎮的中心廣場旁邊就是伊德里斯一世的陵墓。因為它同時也是個清真寺，所以只對穆斯林開放。當地人有種說法，在摩洛哥每年紀念聖人的節日裡，來到這裡朝聖 6 次，便相當於到麥加朝覲一次，可見它地位之崇高。

➤ 伊德里斯一世陵墓入口。它也是個
　清真寺，非信徒莫入。

▲ 獨一無二的圓形宣禮塔。

陵墓附近還另有一個清真寺，它的宣禮塔是圓筒形的，而非傳統的方柱，這是摩洛哥唯一的一個。

小鎮座落在兩個山頭之上，所以只要登上其中之一，就可以兩相眺望，那個景觀極為驚豔震撼，堪稱經典。

上山有石階路，大約有 150 級。一般導遊不會主動告訴你，更不會帶你上去。不過，通常會有當地青少年自告奮勇上前幫你，從頭到尾帶你上下，服務非常周到，小費期待也高。

圖中綠色屋頂和方形宣禮塔處即為穆萊‧伊德里斯陵墓。不上山來觀看此景就等於沒來此地。

▼ 聖城俯瞰圖。

▲ 聖城山坡路上玩耍足球的青少年。

　　我在下山歸途中，遇到一群青少年在石頭臺階上玩足球，足球在摩洛哥屬於相當普及的運動。一時興起，我也順勢接球「露」了兩腳。說來當年也「玩」過足球，但並無特長。想不到遠在天涯的異國，竟然又溫習了昔日舊夢。

伊斯梅爾和梅克內斯

　　告別聖城後繼續向西，最後一站就是青皇城梅克內斯。在到達梅克內斯之前，導遊帶我去午餐。這是一家有相當檔次的摩洛哥本色餐館。

　　主菜塔津小羊肉真正做到了入口即化，好吃至極。可能選肉部位很關鍵，油多也是個因素。它是我在摩洛哥吃過的塔津中最好、也是最貴的。導遊說原價全套 240Dh，因為導遊與之有業務往來關係，實價 130Dh，不含飲料。

用餐過程中曾有鄰桌群起歡呼的一幕，原來是餐館侍者端起了長嘴茶壺，一手託盤一手舉壺，高舉高倒茶水，引一桌外國遊客驚喜若呆、拍掌讚美，並紛紛舉起相機拍照。我遠遠望去，感覺他們大概沒見過咱中國人的絕技，長長的嘴壺都不帶跟茶碗在垂直線上的，那才是真正的「絕」活。

▲ 午餐的主食，有米飯和各種蔬菜。

▲ 午餐的主菜，塔津小羊肉。

▲ 午餐最後一道，水果代甜食，健康的配置。

▲ 午餐時侍者「表演」高舉高倒茶水。

飯飽茶足之後，我們繼續向梅克內斯進發。

梅克內斯這個皇城的歷史和輝煌，離不開阿拉古特王朝的偉大君主伊斯梅爾。該王朝至今仍然統領著摩洛哥，所以伊斯梅爾堪稱當今摩洛哥國王的老祖宗之一。

伊斯梅爾是阿拉古特王朝的第二位統治者，也是摩洛哥歷史上最偉大的統治者之一。他被摩洛哥人稱為「勇士之王」（Warrior King）。

伊斯梅爾在位共 55 年。他因前任意外墜馬身亡而繼承大位時才 26 歲，而且內部部落紛爭、王室分裂，加上馬拉喀什造反，形勢十分堪憂。他不得不兩次揮軍南下，耗時 5 年才徹底平定南方的反叛。

伊斯梅爾也是一個可怕的統治者。為了震懾政敵恐嚇百姓，他曾下令用上萬顆被殺敵人的頭顱來裝飾城牆；他強征過數萬名奴隸在首都大興土木服苦役；他任意虐待和砍殺他視為偷懶的勞工和公務員。在他治下的半個世紀中，被殺的無辜高達 3 萬之多，因而有了「嗜血者」的綽號。

▼ 梅克內斯老城門城牆，從這
　裡開始進入梅克內斯老城。

他的對外征討卻是戰績輝煌，由此造就了他的偉大。他在近 20 年的時間裡，4 次成功對抗奧斯曼土耳其人的入侵，最終使得摩洛哥的獨立獲得承認。他又先後從西班牙、英國手中奪回多座沿海城市，包括坦吉爾（Tangier）、拉臘什（Larache）等。

他從撒哈拉南部非洲召集了 15 萬人組建他的精銳衛隊，號稱「黑色護衛」（Black Guard）。這些人幫他征服了幾乎整個摩洛哥。在他去世的時候，這支衛隊已經增長了 10 倍。他這樣做的目的，是因為治下的柏柏爾部落爭鬥不斷，他無法信任。

在外交上，伊斯梅爾與西班牙的敵人法國友好，在多個領域都與法國有合作，包括訓練摩洛哥軍隊，改善城市公共建設等。

伊斯梅爾時代是梅克內斯史上最輝煌的時期。他強勢、驍勇、善戰，而且多才多藝，威名遠揚歐洲和東方，他的業績與聲譽已經晉至世界級別。幾乎與他同時代的泰斗級大師伏爾泰，在他的《老實人》（Candide）一書中提到了他；後來 20 世紀初的一位英國作家與 20 世紀中的另一位美國作家，也分別在作品中將他用作了原型。

伊斯梅爾也擅長經濟建設和政治外交；他統治時期的摩洛哥，達到了前所未有的繁榮；他酷愛建築，親自設計了自己的皇宮、馬廄、糧倉、水池，甚至自己陵寢的部分建築也出自他手。

我們的遊覽重點，是伊斯梅爾陵墓和他的皇家馬廄。

伊斯梅爾陵墓

伊斯梅爾陵墓非常相似於馬拉喀什的薩迪王朝陵以及菲斯的伊德里斯神社。同樣的伊斯蘭和摩洛哥風格，同樣的傳統建築的精美與雅致。參觀伊斯梅爾的陵墓值得注意的是大堂裡的四個並不起眼的座鐘。

當年伊斯梅爾和路易十四的恩怨傳奇，十分精彩，常為後人津津樂道。他和路易十四英雄惜英雄，情同「哥們」。伊斯梅爾處處以法國為鑒，要仿

效歐洲，趕超法國。據說他想過要在梅克內斯建造超越凡爾賽宮的宮廷花園，「摩洛哥的凡爾賽」。後來他迷上了「哥們」的愛女，執意求婚。路易十四骨子裡其實並沒有真正看得起這位小國的「土豪」，並不想嫁女。為使其知難而退，故意開出了幾乎不可能做到的嚴苛要求。沒想到幾年後那「楞小子」「硬是要得」，全部做到了。路易十四食言反悔，拒不嫁女。伊斯梅爾衝冠一怒為紅顏，向波旁王朝開戰。後來有友鄰斡旋調停，以路易十四「送鐘」了事，據說在當時這些鐘價值連城、極為貴重。

　　導遊介紹，伊斯梅爾死時 100 歲，其實是 93 歲。他一共留下 525 個兒子、342 個女兒，數量驚人，是世界史上可以確認的、人類生育後代數目的一個最高紀錄。談起這位當年的老國王，導遊嘴裡滔滔不絕，流露著摩洛哥幾代人對當年國家強大的自豪與神往。

▼ 伊斯梅爾陵墓入口處。

▲ 伊斯梅爾陵墓堂角落的兩個座鐘。

　　伊斯梅爾陵墓是這位君王的最後休息之地。陵墓大院由三部分組成：一個明亮的大庭院、一個清真寺、伊斯梅爾和他的一個女人兩個兒子的墓棺。

　　陵墓大院在他生前的 1703 年就已建成，現已成為摩洛哥少數難得的宗教紀念碑之一。摩洛哥人相信，到偉人陵墓來悼念與祈禱，可以為自己及家人帶來神聖的祝福。

　　伊斯梅爾陵墓內部開放區有阻隔，因為對非穆斯林只是部分開放，但可以拍照。

　　陵墓堂角落站立著兩個座鐘，為路易十四所「贈」。一共送了四個，但我只看到兩個。

皇家馬廄

伊斯梅爾強勢兇殘卻嗜馬如命。在他親自設計的帝國皇家馬廄（Imperial Royal Stables）裡，曾經養有多達 12000 匹禦馬，而糧倉裡的糧食足夠這些馬吃 15 年之久。該馬廄在 1755 年的里斯本大地震中被損毀，遺留的拱門卻依舊氣派。如今這皇家馬廄遺址已成「經典」，每年九月在馬廄附近的廣場上會舉行摩洛哥全國騎術表演，吸引大批外國遊客和騎術愛好者前來觀看。

馬廄建築高大，氣勢不凡。我問導遊，馬廄內部何需如此高大的空間？他說，那個君王就是這個風格，什麼都喜歡雄偉高大。除了親自設計馬廄，他還每天去馬廄裡巡視。

▲ 帝國皇家馬廄入口處，有人收門票。

➤ 馬廄內部。

▲ 馬廄外部。

中世紀監獄

伊斯梅爾在將梅內克斯定為帝國首都之後，迎來了它的黃金時代。他不但建造了很多清真寺、花園、紀念碑等，還在老城之下建起了一座大型監獄，名叫「帝國皇家監獄」（Imperial Royal Stables），專門關押從海上抓獲的基督徒水手。他的很多建築項目，就是用大量這樣的歐洲奴隸建造的。當年梅內克斯曾有「百塔之城」的說法，指的是清真寺的宣禮塔，其實就是這些奴隸的血與汗鑄成的。

中世紀的帝國皇家監獄是一個獨特的看點，離開皇家馬廄不遠，建在一段老城牆邊。當我們到達那裡時，首先看到的是一片空地上，有規律地散佈著很多伸出地面的通氣口，下面連著的就是深藏地下的囚室。

這裡作為一個對外開放的旅遊景點也收門票，10Dh。有意思的是，當地人來參觀的比

▲ 監獄外部的場地與通氣口。

▲ 走向監獄地下囚室的臺階。　　　　　　　　▲ 監獄內部。

外國人還多，這也許反映了摩洛哥人對歷史的重視與興趣。我當時就遇上一群中學生，在一起聊了一會兒。最後臨別時給她們照相留念。

曼蘇爾大門

　　最後一個景點是梅克內斯的曼蘇爾大門（Bab Mensor），是號稱「摩洛哥第一」的中世紀老城門，它也是伊斯梅爾為自己樹碑立傳的紀念碑。1996年後它成為世界文化遺產。

　　曼蘇爾大門與其它摩洛哥中世紀的城門例如馬拉喀什和菲斯的不同，據說設計中帶有凱旋門的影子，因為設計師是個來自歐洲的基督徒囚犯，後來皈依伊斯蘭被接受（綽號「叛教者」）。雖然它的正面外部依然有馬蹄形拱門，裡面卻設計有一條直線的通道，而且門的外側加有強大的支柱，比較不同尋常。

▲ 曼蘇爾大門號稱「摩洛哥第一」。

伊斯梅爾在世時，雄心勃勃地將梅克內斯建成了一個西班牙—摩爾風格、伊斯蘭—歐風和諧的雄偉的統一體，這在曼蘇爾大門的建築成就上體現得尤其突出。只不過，伊斯梅爾本人生前一直沒有看到它的最後建成，死後 5 年才完成。

看著眼前的這個「摩洛哥第一」，遙想當年的「勇士之王」。真可謂，歷史為帝王將相而書，但是厚牆巨柱今猶在，不見當年蘇丹王。一切都已過去，如今的曼蘇爾大門在作為觀賞景點的同時，也成了當地人的休閒聚合之地。壯碩的護堡羅馬柱已經「羅（馬）為摩（洛哥）用」，正在歸於平淡，歸屬平民了。

難忘摩洛哥

傍晚時分，一天的大梅克內斯之行結束，我的摩洛哥之旅也劃上了句號。摩洛哥之行大大超出了我的預期。

這個大西洋和地中海之濱的邊緣小國，成功地融匯了中世紀老城傳奇、伊斯蘭古代文明、阿拉伯異國情調、柏柏爾土著文化、北非殖民地風情，以及撒哈拉大漠的晝夜浪漫，向全世界的遊客展現了濃郁的異域風情和難得的友好溫馨。

摩洛哥的中世紀傳奇不僅保存完好遠超歐洲的同類老城，而且居民的生活方式與傳統習俗依然在鮮活地延續；它在撒哈拉的周邊國家中進出沙漠最為直接便利，大漠風光最為震撼典型；它的殖民地遺產與國家獨立發展的過渡銜接自然順利，歐法之風與現代化並肩而進；它的伊斯蘭古文明成就極高、而且與時俱進的世俗化、民主化進程同樣成功亮麗。

摩洛哥具備了多樣性、專業性、穩定性諸要素，是一個世界級的旅遊大國。它是一個充滿奇珍異寶名副其實的北非花園、一個讓人回味無窮韻味獨特的溫馨花園。

摩洛哥令人難忘，使人懷念。
去摩洛哥，驚喜在那裡等著你！

兩個伊斯蘭男人的自白

6

兩個伊斯蘭男人的自白

　　兩個信伊斯蘭教的男人，和我一個來自天涯海角的老中。素昧平生，萍水相逢。有「似曾相識」的投緣，以「男人對男人」的坦誠，用幾近「自白」的豪爽，評阿拉伯女人，說伊斯蘭宗教，批婚外之私情。難得意外地為我輕輕撩起神秘伊斯蘭面紗的一角。

　　那是 2012 年 11 月 2 日，我抵達摩洛哥南方大城馬拉喀什（Marrakesh）的第一個夜晚。用完晚餐後，我沿著市中心繁華的穆罕默德 V 大街溜躂。

　　摩洛哥人愛晚睡晚起，華燈初上是他們一天「High」的開始，星期五就更是如此。街上行人熙熙攘攘，臨街的飲吧人影綽綽，桌邊坐著的幾乎全是男人，人手一杯，個個面街。好像在冷眼旁觀你來我往的人間俗世。

　　我手持相機，想著要拍下這「觀眾席」般的大街奇觀，便放慢了腳步。一聲「Hello~」傳來，十分「醒耳」，我扭頭看。前排一桌坐著三男，中間一位在朝這邊招手。我指指自己問：叫我嗎？他點頭。我便走了過去。三人都在三十歲上下，招手的是一矮個。他細皮白肉，一臉和氣。頭髮已經脫得厲害，說一口熟練的英文。我笑著問：為什麼招呼我？他說：人群中就你一外國人，好奇，就想聊聊。他移過椅子，邀我坐下，還要給我「也來一杯」，我擺擺手。

▶ 我和第一位伊斯蘭男人
  的談話就發生在這裡。

▼ 卡薩布蘭卡近郊一個小
  火車站的祈禱室。

他自我介紹說，他是本地人，在賓館前臺上班，與人打交道慣了，週五晚飯後約朋友在外面「坐坐」。我接口說，我是老中，第一次來摩洛哥旅遊，剛到馬市，明天一早要去撒哈拉。我們就這樣聊了起來，另兩位話很少，也不說英語。三五句下來，他突然說：你說你是老中，但你必定在某個英語國家長住過（！）哈！這句話反應了他敏銳的觀察力，讓我對他「刮目相看」。這就是我故事裡的第一位主角。

忽然他的一位朋友發出一聲小小的驚呼。我側頭，見他正發情般地盯著桌前走過的一個美女。矮個子朝我擠了一下眉眼。我問：你朋友單身？他點頭。又指著他自己和另一位說：我們倆已婚。他笑著說：剛才你說摩洛哥的 Mint Tea 太甜，那是因為我們喜歡甜，「甜」使我們「有勁」。阿拉伯男人「那方面」世界第一，也有糖的功勞。

▲ 菲斯火車站上的又一個祈禱室。我徵得同意後，站近門口拍照片，服務人員還特意為我打開燈光讓我看得更清楚。當時裡面沒人祈禱。

我接過話題說：阿拉伯女人漂亮，你們福氣不錯。你們的女人，皮膚有西方白人的「白晰」，又有東方亞裔的「細膩」。年輕 MM 絕大多數身材豐滿勻稱，比東方人高挑，又沒有（北）歐人的「竿細」。他頻頻點頭。我告訴他，我在摩洛哥所見女人幾乎全是雙眼皮，身材面容姣好的高達百分之八九十。阿拉伯女人在世界上，絕對排在冠亞之列。你們能娶好幾個老婆，美了你們了。

　　女人的話題使矮個子開始昂奮。他說：一夫多妻已是過去，現在只是少數幾個國家而已，比如沙特。我們這裡還是一夫一妻。不過⋯⋯他笑著說：我們有我們的「辦法」，呵呵。

　　我知道他的意思，就說：你們已經結婚，伊斯蘭教又那麼嚴格，怎麼會（How come）？他說他和那兩朋友都信伊斯蘭教，但很少去清真寺，有時自己禮拜祈禱一下而已。他說，伊斯蘭教也說過男女之間的事是「樂趣」（fun）的話，（我回來後「查」了一下，確實如此），而我喜歡女人，所以我也和其他女人上床。我驚訝地問：真的嗎（Really?）他說：真的，但是當然不能讓老婆知道。又說，找女人也不能找已經結婚的，否則會有麻煩。我說：找專門幹這一行的？（「明知故問」，因為即使是「世俗」伊斯蘭國家，那也是禁止的）。他說：不是。我說：那對方知道你們是已婚的嗎？他說：她們不管（Do not care）。

　　在伊斯蘭的國度，一個自稱的穆斯林，他說這些話時顯得「稀鬆平常」和「淡定坦然」。

　　似乎感覺到我的「疑惑」，所以他說了一句堪稱「經典」的話。他說：「這是我和上帝之間的事」（This is between me and the God）。他說的是英文「God」，而不是伊斯蘭的「真主阿拉」（Allah)。更讓我驚奇的是，這同一句話，在我後來遇到的第二位「自白者」口裡，也說了出來，而且幾乎一字不差。

　　不到一個小時後，我帶著一種怪怪的心情起身告別。臨走我想給他拍張照，他沒讓。

六天之後，在千里之外的北方古城菲斯 (Fes)，我遇上了一位當地導遊 Ahmed，他在老城門邊主動邀我城外半日遊。由於服務不錯，我請他第二天再帶我遊一天大梅內克斯 (Meknes)。在一天半的時間裡，與他獨處獨聊，他給我講皇陵古蹟講清真寺，也講了他自己的故事。

Ahmed 是個細聲細語溫文而雅的好人。有一次我想上廁所，而摩洛哥是幾乎沒有公廁的，他便帶我去一家咖啡店，二話不說買了一杯咖啡，就問清了店內的廁所，指給我去了。又有一次，路邊的景點處有水果攤。他告訴我，那裡的石榴不錯，我就想買。他說他比我懂，挑了兩個大的，順手掏出了 10Dh，只讓我付剩餘的 10Dh。我以為他也要一個，可是他都給了我。

不過 Ahmed 也有「患得患失」的時候。說好的一日遊包括午餐，到了午飯時，他卻吱吱吾吾，說他合作的那家餐館很貴，全套原價 240，店方已給優惠 130，所以飲料應我自付。我說：可以。但這不是原先的協議，我不喜歡顛來倒去。

➤ 去馬拉喀什火車上我鄰座的伊斯蘭「神職」人員，或者稱 Wise man。和藹可親，但謹口慎言。

▲ 去馬拉喀什火車上的一對穆斯林夫婦，熱情誠懇。阿拉伯女人多中年發福，但眉目端正風情依舊。阿拉伯男人則高黑矮白參差不齊。

　　見我說他，他便不再吭聲。後來還主動說：如果多人合租他一輛車，費用分攤對你就合算了。現在你一個人遊 900，是貴了些。這些都說明他還算老實。不過，他對老婆可並不老實。

　　他已婚，信伊斯蘭教。說起信仰，顯得很懂很虔誠。他一天禮拜祈禱 4次（而非 5 次），分別是清晨 5 點左右，7 點左右，傍晚 5 點多，晚上 7 點多（應該還有上午 11 點多一次？如果我沒記錯的話）。他說，清真寺的祈禱呼叫，並非要信徒都去清真寺，在原地自己做也一樣。現在已經沒有人真的站在宣禮塔高處宣誦了，可用高音喇叭放錄音替代。所播的誦經之文，是清真寺裡的「Wise men」寫的，不一定是古蘭經原文。能播放出來的稿子，都必須經過當地伊斯蘭教的「上級機構」審批（嗯，「黨委宣傳部」）。

我想起南方矮個子「女人和宗教」的高論來，便問 Ahmed：阿拉伯男人怎麼啦？那樣的男人多嗎？他說：我們這方面「強」，一個女人滿足不了。我便直截了當地問：那你也這樣？他說：嗯哼。我說：阿拉伯女人保守，哪裡去找？他說：女人要到酒吧 (Bar) 去找，找好了再去旅館。又說：好旅館很費錢，自己有地方就好了。但不能讓老婆知道，也不能找結了婚的。我（明知故問）：為什麼？他說：自找麻煩嘛。他最後又說：我老了，不行了。我說：你多大？他說：你猜猜看？我說：40 吧？他歎氣道：50 啦。哈哈，典型「尋花訪柳」者的心理。讓我真正驚訝的是，他的很多話語和觀點與南方矮個子「同曲同工」，包括他們那個「江湖」的「葵花寶典」之「名句」：「這是我和上帝之間的事」（This is between me and the God）。

　　見識了這一南一北的一老一少兩位，可謂意外難得。說起來，二再加一，便成「三」而為「眾」；數學歸納法也有「兩步完成證明」之理。難道世俗伊斯蘭信仰的神秘面紗之下，穆斯林男人真的是人「信」不敵於人「性」了嗎？

▲ 一位中老年發福的阿拉伯大媽，在菲斯古城問路時遇到，她主動要我為她拍照。

▲ 充滿歐法情調的馬拉喀什新城大街上的兩位美女,靠裡的是阿拉伯美女,
外面那位不是當地人。

▲ 我在菲斯的導遊 Ahmed 和他帶我周遊新城裡外的轎車,他主動要求
我為他拍照留念,我後來還郵寄給了他。

Chapter 7

一封來自賴比瑞亞的郵件

7

一封來自
賴比瑞亞的郵件

　　從摩洛哥回來約兩個多月後，收到一個電子郵件，標題就一個 "Hi" 字，發信的也不是我的連絡人。差點沒送進 Spam 裡去，不過我還是打開了。一看到裡面的照片，就想起來了：是他，那個賴比瑞亞人。

　　那是我剛抵達摩洛哥時，在卡薩布蘭卡機場等候火車去市區時遇到的黑人兄妹。他英文流利，對摩洛哥很熟，主動問我是否需要幫助，也確實解答了我很多問題。火車上是順路，我們聊了 30 多分鐘。他是賴比瑞亞人，還特意告訴我：賴比瑞亞（Liberia）不是利比亞（Libya），在「黃金海岸」迦納那一帶。他是來做黃金生意的，正在招人開拓市場。他特意掏出妹妹頸脖處藏戴著的項鍊給我看，說末端那個中國如意大小的東東是真金。還沒下車，他就說了好幾次要「保持聯繫」，要一起「開拓市場」之類的話。他要給我電話，也問我的電話，希望我回美後給他打電話「細談」。緣分歸緣分，我還是必須明確地謝絕他。我笑著說：合夥買賣我不做。我不會給你電話號碼，也不會給你打電話。他沒露出不高興，但不斷堅持著說「要保持聯繫」。我給他兄妹拍了照，分手前我們交換了 email，我說我會給他傳去照片，他問：真的？我說：肯定。差點加一句：向毛主席保證！

回美後，我找出 email 地址將幾張照片發了出去。沒想到幾天後有人回信，照片「退」了回來，說：「那不是我的照片」。還說：隨便將他人的照片發出去，是不負責任的。我這才明白地址搞錯了。在外雲遊，各種地址我多隨手寫在小紙片上。名字記不準，和另一個摩洛哥人混了。再去找他的地址，沒找到。心想，我這會兒要「失信」，真該挨罵了。

　　但是，幾個月以後，他居然來信了！

　　他說他回賴比瑞亞了。他還在念念不忘「合夥」和「開拓市場」的事，再三說他是認真的。我相信他說的，也相信他有相當的能力和教養。但是找交往僅 30 多分鐘的人合夥，不是簡單天真，就是「饑不擇食」，甚至會讓人感到有 Trap 之嫌了。或許他是想說，要不是我，推薦其他人也行。

　　說起投資和合夥，我是有「心得」的。來西方「洋插隊」，自問多少錢才夠退休，一百萬？二百萬？三百萬？一輩子「打工」怕是難保足夠。那年加州有公司來找「投資合夥」，在南美投資 Telecomm 新公司，投資規劃，專家論證，保險證書，參考「保人」等等。樣樣齊全，我便心動，小投了 5 千美元。一開始每月收「利息」，幾個月後投資方案 II 出籠，我自願再投 5 千，So far so good，自己還成了新入夥人的 Reference。但是好景不長，管理層先是以種種理由停發「利息」，接著停發 K-1 表，後來要求合夥人 (Partnenrs) 再投資以度「暫時難關」，最後只剩電話錄音長篇累牘的 BS 而無法聯繫，我知道上當了，但也毫無辦法：沒有其他投資人名單聯合行動，打官司也不可行；去加州未必能找到他們；雇律師還不抵所投資金……我從此不再想這事。多年過去了，有一年年底收到一律師事務所的 Class Action 判決通知書，最後我的 10,000 美金投資得賠 87 美金了事。

　　從此我學了乖。無論是投資「Real」 Estate 還是「Paper」 Estate，重要一條，就是不和不在本地的人或公司打交道，因為自己不是「跨州跨國公司」，哈哈。要感謝那個「加州騙局」教訓了我。這真是：凡經歷的，必有價值。

　　回頭再說賴比瑞亞人，他還發了幾張他的「黃金開發」的照片，說是他在家鄉的公司工廠，以及那裡的設施和工友們。他說是他妹妹手機拍的，不過很難想像當今手機拍出這樣的品質。

想到我們的緣分還在繼續，很是感慨。我還沒有想好如何回覆。信還是應該回的，我也會祝願祝福他兄妹好運和成功。不過，我也會明確地告訴他，我的意向沒有改變。寫到此，我想起了這句話：

"What happened in Las Vegas, stay in Las vegas"

看來這應該不僅僅是句廣告詞。

（還記得第一章裡出現過的那兄妹倆嗎？）

附錄

【附錄一】主要景點及作者評分

▶ **卡薩布蘭卡** Casablanca

哈桑二世清真寺 Hassan II Mosque ★★★★★

裡克咖啡廳 Rick's Cafe ★★★★

▶ **馬拉喀什** Marrakesh

瑪卓利花園 Majorelle Garden ★★★★★

庫圖比亞清真寺 Koutoubia Mosque ★★★★★

巴伊亞宮 Bahia Palace ★★★★★

薩迪王朝陵 Saadian Tombs ★★★★★

巴迪宮 Badia Palace ★★★★★

賽義德博物館 Si Said Museum ★★★★★

本優素福大學 Ben Youssef Medersa ★★★★★

馬拉喀什博物館 Museum of Marrkesh ★★★★★

庫拜默拉威姬 Quobba EL Mourabiti ★★★

傑馬夫納廣場 Place Jemaa El Fna ★★★★★

▶ **（去撒哈拉路上）**

埃本哈杜城堡 Ksar of Ait-Ben-Haddou ★★★★★

紮戈拉 Zagora ★★★★★

▶ **菲斯 Fes 老城**

布希拉德大門 Bab Boujloud ★★★★

西迪・艾哈邁德清真寺 Mosque Sidi Ahmed Tijani ★★★★★

皮革廠 Tannerie Chouara ★★★★★

穆萊・伊德里斯二世神社 Shrine of Moulay Idriss II ★★★★★

香料神學院 Medersa El Attarine ★★★★★

卡魯因清真寺 Mosquee Quaraouiyine ★★★★★

欣安尼亞回教神學院 Medersa Bou Inania ★★★★★

沙龍博物館 Museum Salon ★★★

▶ **菲斯 Fes 老城外**

陶瓷廠 Nije Ceramics ★★★★

北山坡 Borj Nord ★★★★★

馬里尼德墓地 Merenid Tombs ★★★★

南山坡 Borj Sud ★★★★★

皇宮 Royal Palace ★★★★★

▶ **梅克內斯 Meknes 及附近地區**

瓦盧比利斯 Volubilis ★★★★★

皇家馬廄 Imperial Royal Stables ★★★★★

穆萊・伊德里斯鎮 Moulay Idriss Zerhoun ★★★★★

穆萊・伊斯梅爾陵墓 Mausolee Moulay Ismail ★★★★★

曼蘇爾大門 Bab Mensor ★★★★★

【附錄二】附錄二摩洛哥主要王朝簡表

王朝名稱	年代	重要君王	首都
伊德里德 Idrisid	788–974 國祚 196	伊德里斯一世 在位 788–791 伊德裡斯二世 在位 791-828	789–808 瓦盧比利斯 808–927 菲斯 927–985 Hajar Nasar
法蒂米德 Fatimid	909–1171 國祚 63	(N/A)	（突尼斯 4 個城市）
阿爾莫拉維德 Almoravid	1040-1147 國祚 107	(N/A)	1040-1062 Aghmat 1062-1147 馬拉喀什
阿蒙哈德 Almohad	1121-1269 國祚 148	(N/A)	1121-1147 Tinmel 1147-1269 馬拉喀什
馬里尼德 Merinids	1244–1465 國祚 221	(N/A)	1244–1465 菲斯
瓦塔西德 Wattasids	1472–1554 國祚 82	(N/A)	1472–1554 菲斯
薩迪 Saadi	1549-1659 國祚 110	艾哈邁德·曼蘇爾 在位 1578-1603 （第六個蘇丹）	1549-1659 馬拉喀什
阿拉古特 Alaouite	1631 - 國祚 386 -	穆萊·伊斯梅爾 在位 1672–1727 （第二個君王）	1672–1727 梅克內斯

MEMO

國家圖書館出版品預行編目資料

北非花園摩洛哥 / 邢協豪（行寫好）作
-- 初版. -- 臺北市：博客思，2018.02　面；　公分.
-- (生活旅遊 ; 11)
ISBN 978-986-95955-1-3(平裝)

1. 旅遊 2. 摩洛哥

767.39　　　　　　　　　　　　　107000373

生活旅遊 11

北非花園摩洛哥

作　　　者：邢協豪（行寫好）作
美　　　編：涵設
封面設計：涵設
執行編輯：張加君
出　版　者：博客思出版事業網
發　　　行：博客思出版事業網
地　　　址：臺北市中正區重慶南路 1 段 121 號 8 樓 14
電　　　話：(02)2331-1675 或 (02)2331-1691
傳　　　真：(02)2382-6225
E-MAIL：books5w@gmail.com、books5w@yahoo.com.tw
網路書店：http://bookstv.com.tw/
　　　　　　http://store.pchome.com.tw/yesbooks/
　　　　　　博客來網路書店、博客思網路書店、三民書局
總 經 銷：聯合發行股份有限公司
電　　　話：(02)2917-8022　　傳真：(02)2915-7212
劃撥戶名：蘭臺出版社 帳號：18995335
香港代理：香港聯合零售有限公司
地　　　址：香港新界大蒲汀麗路 36 號中華商務印刷大樓
　　　　　　C&C Building, #36, Ting Lai Road, Tai Po, New Territories, HK
電　　　話：(852)2150-2100　　傳真：(852)2356-0735
經　　　銷：廈門外圖集團有限公司
地　　　址：廈門市湖里區悅華路 8 號 4 樓
電　　　話：86-592-2230177
傳　　　真：86-592-5365089
出版日期：2018 年 2 月 初版
定　　　價：新臺幣 380 元整
ISBN：978-986-95955-1-3(平裝)